Cupcakes & Muffins

Einleitung: Maja Marten
Cupcake-Rezepte: Maja Marten
Muffin-Rezepte: TLC Fotostudio
Rezeptfotos: TLC Fotostudio

Cupcakes & Muffins

Inhalt

Einleitung

Muffins – kleine Kuchen ganz groß

Muffins sind die Verwandlungskünstler schlechthin und vielseitig wie kaum ein anderes Gebäck. Die saftigen, kleinen Küchlein sind ursprünglich ein englisches Hefe-Teegebäck, das die Pilgrim-Fathers im 17. Jahrhundert mit in die „Neue Welt" nahmen. Allerdings passten Teestunde und aufwendiges Gebäck wenig in den harten Alltag der Siedler. Und so entwickelten sich sowohl schnell zubereitete, süße Rührteigmuffins als auch Varianten mit handfesten Zutaten wie Maismehl, Speck und Gemüse, die als herzhafte Snacks dienten.

Im Laufe der Jahrhunderte kreierte fast jede Region ihren ganz besonderen Muffin – als Spiegelbild der jeweiligen Esskultur und mit typischen Zutaten: Ahornsirup in Neuengland, Pfirsiche in Georgia, Orangen in Florida, Chilis und Maismehl in New Mexico. Muffins waren Hausmachergebäck, aber nichts Besonderes. Das änderte sich erst wieder, als S. B. Thomas, ein Bäcker, der aus England stammte, 1880 ein Ladenlokal in New York eröffnete. Er verfeinerte das rustikale Siedlerbrötchen und lieferte es als „Thomas' fine English muffin" täglich frisch an Hotels und Restaurants, wo es wieder Einlass in die vornehme Teegesellschaft fand.

Auch bei uns haben die amerikanischen Minikuchen schon längst ihren Siegeszug angetreten. Gründe hierfür gibt es genug: Muffins sind nicht nur überaus vielseitig, sondern auch das ideale Gebäck für jede Gelegenheit. Ob als Partysnack, zum Frühstück, für die Kaffeetafel, für's Picknick oder den Kindergeburtstag – die handlichen kleinen Kuchen erfreuen sich überall größter Beliebtheit. Und vor allem: Sie lassen sich kinderleicht zubereiten.

Muffins backen und aufbewahren

Muffins nach der amerikanischen Methode zu backen ist völlig unkompliziert – Sie benötigen noch nicht einmal einen Mixer! Und so geht's: Sie mischen alle trockenen Zutaten wie Mehl, Speisestärke, gehackte Nüsse, Kokosraspel, Salz, Backpulver, Natron oder Ähnliches in einer Schüssel und die feuchten Zutaten wie Eier, Öl, Fett, Milch, Sahne, Likör zusammen mit dem Zucker in einer zweiten Schüssel. Dann geben Sie die trockenen Zutaten zu den flüssigen und verrühren alles kurz mit einem Kochlöffel – fertig ist Ihr Muffinteig.
Wichtig ist nur, den Teig nicht zu gründlich zu vermengen (in keinem Fall mit dem Mixer verschlagen) und den Teig sofort zu backen. Sonst erhalten Sie zähe, trockene Muffins.

Muffins lassen sich am einfachsten in speziellen Backformen mit 6 oder 12 Vertiefungen herstellen. Haben Sie kein Muffinblech zur Hand, können Sie über einem Trinkglas Förmchen aus extrastarker Alufolie biegen. Oder Sie stellen zwei Muffin-Papierförmchen ineinander. Diese Hüllen sind auch sonst nützlich: In die Vertiefungen des Muffinblechs gelegt, ersparen sie Ihnen das Einfetten und sorgen dafür, dass sich die Küchlein leicht aus der Form lösen.

Muffins aufbewahren

Falls Sie wirklich einmal Muffins übrig behalten, verpacken Sie sie luftdicht, dann bleiben sie mindestens noch zwei, drei Tage saftig und lecker. Fertig gebackene Muffins können Sie auch in Plastikbeuteln bis zu drei Monate einfrieren. Gefroren sollten Sie sie etwa 10–15 Minuten bei 180 °C im Backofen aufbacken. Haben Sie Muffinteig übrig? Einfach in Muffin-Papierförmchen füllen und im Muffinblech einfrieren, dann in Gefrierbeutel umfüllen. Und wenn Sie die Backlust packt, Teigrohlinge portionsweise entnehmen, in die Muffinformen setzen und fertig backen. Die Backzeit verlängert sich dann um etwa fünf Minuten.

Tipps und Tricks
für die Muffindekoration

Genauso flott, wie Sie den Muffinteig rühren, können Sie aus Ihrem Gebäck kleine Kuchenkunstwerke zaubern. Probieren Sie es aus:

• Belag: Bestreuen Sie Muffins mit Zimtzucker oder Hagelzucker. Krümeln Sie eine Streuselmasse aus 50 g braunem Zucker, 65 g Butter, 70 g Mehl und 1 Prise Zimt über Ihre Muffins.
• Glasur: Schmelzen Sie helle oder dunkle Kuvertüre und tauchen Sie die Muffins darin ein. Aromatisieren Sie einfachen Zuckerguss (125 g Puderzucker und 2–3 El Wasser) wahlweise mit Ahornsirup, Obstsaft, Honig, Zimt oder Kakao. Wer's richtig bunt mag, nimmt Speisefarbe und färbt den Guss ein! Den feuchten Guss können Sie zusätzlich mit Liebesperlen, Kokosflocken, Schokostreuseln, gehackten Nüssen usw. bestreuen.
• Für festliche Muffins: Spritzen Sie eine Rosette Schlagsahne oder Buttercreme auf das Gebäck und setzen Sie darauf eine hübsche Zucker- oder Marzipanfigur.
• Das mögen Kinder: Tauchen Sie Muffins in Schokoguss und malen Sie später mit weißer Schokolade oder Zuckerschrift ein Gesicht oder Figuren auf. Stecken Sie Partyschirmchen hinein oder setzen Sie dem Gebäck Partyhütchen auf. Lassen Sie Ihrer Kreativität einfach freien Lauf.

Cupcakes – die feinen Verwandten

Cupcakes, die feinen Törtchen mit üppiger Haube, halten langsam aber sicher Einzug in unsere Cafés und amerikanische Kaffee-Ketten. Im Gegensatz zu den nicht ganz so süßen und eher rustikalen Muffins sind Cupcakes feine Miniküchlein, die in der Regel aus einem glatten Rührteig bestehen und von einem zuckersüßen Häubchen aus Butter- oder Frischkäsecreme gekrönt sind.

Der Rührteig enthält in der Regel mehr Ei und Zucker und wird besonders cremig und luftig aufgeschlagen. Erst nachdem Butter oder Öl, Zucker und Eier mit einem Handmixer gründlich verschlagen sind, werden die restlichen Zutaten untergemischt und zu einem homogenen Teig verrührt.

Den wichtigsten Unterschied macht aber das obligatorische Frosting aus, das mal kunstvoll mit einer großen Spritztülle auf die Cupcakes gespritzt und mal mit einem flachen Messer ungleichmäßig und dick auf den Cupcakes verteilt wird. Dazu kommt je nach Lust und Laune eine reichhaltige Dekoration.

Aufgrund ihrer üppigen Süße und reichhaltigen Cremes werden Cupcakes in der Regel statt des obligatorischen Tortenstücks zum Nachmittagskaffee genossen oder dienen auch mal als feines Dessert. Zum Frühstück oder für zwischendurch trifft man sie seltener an, zumal sie auch nicht ganz so einfach wie Muffins aus der Hand zu essen sind.

Frosting, Icing & Co.:
Das Tüpfelchen auf dem Cupcake

Typisch amerikanische Cupcakes tragen ein üppiges Frosting, das häufig zusätzlich mit kräftigen Lebensmittelfar-

ben. Für die Dosierung gilt: Weniger ist oft mehr. Fangen Sie daher mit wenig Farbe an und färben Sie je nach Bedarf nach. Hübsch anzusehen ist auch ein „Papageien-Teig", für den Sie einen hellen Teig einfach nach dem Verrühren in 4 Teile aufteilen und jede Teigportion in einer anderen bunten Farbe einfärben. Schichten Sie den bunten Teig dann teelöffelweise abwechselnd in die Förmchen und verfahren Sie weiter wie im Rezept angegeben. Ihre Gäste werden staunen, wenn sie später in die Cupcakes beißen!

Neben dem klassischen Verstreichen des Frostings auf den ausgekühlten Cupcakes mit einem flachen Messer, einer Palette oder der Verwendung eines Spritzbeutels mit großer Sterntülle sind der Fantasie keine Grenzen gesetzt: Mit verschiedenen Spezial-Aufsätzen für den Spritzbeutel lassen sich Rosenblätter, Tupfen oder verschiedene Blüten formen und kleine Kunstwerke erstellen. So werden die Cupcakes zu echten Hinguckern und sind fast schon zu schade zum Reinbeißen. Sollte das Frosting zwischenzeitlich zu weich werden, kann man es immer wieder einige Minuten in den Kühlschrank stellen, um es etwas fester werden zu lassen. Das Frosting lässt sich dann viel leichter weiterverarbeiten.

ben eingefärbt wird. Darauf haben wir in diesem Buch jedoch bewusst verzichtet und unsere Frostings nur mit Fruchtsaucen, Zimt oder Schokolade gefärbt. Natürlich können Sie jedoch für entsprechende Anlässe zu verschiedenen bunten Lebensmittelfarben greifen und die hellen Buttercreme- oder Frischkäsefrostings oder auch den Teig bunt einfärben. Für ein gleichmäßiges Ergebnis empfehlen sich flüssige und Pastenfar-

Je nachdem für welche Art von Frosting man sich entscheidet und wie man es auf den Cupcakes verteilt, kann man dieses zusätzlich noch mit bunten Zuckerperlen, Schokostreuseln, Nüssen, Krokant, Kokoschips, Früchten oder Marzipan dekorieren – lassen Sie Ihrer Kreativität freien Lauf.

Sie haben ein Lieblingsrezept für eine Buttercreme, ein Zitronendessert oder eine Mousse au Chocolat? Prima! Suchen Sie sich einfach ein Cupcake-Rezept aus und garnieren Sie die fertigen Küchlein ganz nach eigenem Gusto mit einer süßen Creme und servieren Sie die Törtchen als besonderes Dessert.

Cupcakes zubereiten und richtig aufbewahren

Cupcakes werden in Muffinblechen gebacken. Die Standardgröße hat 12 Mulden, die entweder gefettet und bemehlt oder mit bunten Papierförmchen ausgelegt werden. Mittlerweile gibt es jedoch auch extra kleine oder hohe Formen und dafür erhältliche Papierförmchen. Wer kein solches Blech zur Hand hat, kann auch einfach zwei Papierförmchen ineinander stellen und diese auf einem Backblech backen oder aus extrastarker Alufolie Förmchen über den Boden eines Trinkglases biegen.

Fertig gebackene Cupcakes ohne Frosting lassen sich problemlos einfrieren und etwa 10–15 Minuten bei 180 °C aufbacken. Übrig gebliebenen Teig kann man einfach in Papierförmchen füllen, in den Mulden des Muffinblechs einfrieren und danach in Gefrierbeuteln aufbewahren. Zum Fertigbacken setzt man die Teiglinge einfach wieder in das Blech und backt sie nach Rezept. Die Backzeit verlängert sich dann um etwa 5–10 Minuten.

Cupcakes mit Frosting sollten luftdicht verpackt werden und können gut 1–2 Tage im Kühlschrank aufbewahrt werden. Sie sollten etwa 30 Minuten vor dem Verzehr herausgenommen werden, damit das Frosting nicht zu hart ist. Übrig gebliebenes Frosting kann einige Tage im Kühlschrank aufbewahrt werden.

Tipps und Tricks
für die Zubereitung von Cupcakes

Typisch amerikanische Cupcakes bestehen in der Regel aus einem relativ einfachen, feinen Rührteig, das Frosting ist dafür umso gehaltvoller und besteht entweder aus Doppelrahmfrischkäse oder Butter mit viel Puderzucker und Zusätzen wie Schokolade, Vanille oder frischen Fruchtpürees. Hier einige wert-

volle Tipps für die Zubereitung unserer Cupcake-Rezepte:

• In der Regel verwenden wir für unsere Rezepte Vanillin in Pulverform, das echten Vanilleextrakt enthält. Natürlich können Sie stattdessen auch das herausgekratzte Mark echter Vanilleschoten verwenden – in dem Fall reicht etwa eine halbe Vanilleschote pro Cupcake-Rezept. Selbstverständlich lässt sich die Vanille aber auch durch Vanillearoma in Flüssig- oder Pulverform oder Vanillezucker ersetzen. Lediglich für das Frosting sollte kein Vanillezucker verwendet werden, da er zu grobkörnig für die feinen Cremes ist.

• Verwenden Sie für Ihre Cupcakes möglichst frische und unbehandelte Produkte und achten Sie darauf, dass

14

alle Zutaten bei der Zubereitung zimmerwarm sind. Butter sollte in der Regel weich sein, damit sie für Teig und Frosting gut aufgeschlagen werden kann. Eier sollten auch rechtzeitig aus dem Kühlschrank genommen werden, damit die Butter-Ei-Masse später nicht gerinnt. Auch der Frischkäse für das Frosting sollte Zimmertemperatur haben, damit er mit dem gesiebten Puderzucker luftig aufgeschlagen werden kann.

• Um das beste Ergebnis zu erzielen, empfehlen wir, alle Milchprodukte als Vollfettstufe zu verwenden, also Joghurt 3,5 %, Milch 3,5 % und Doppelrahmfrischkäse. Wenn Sie Kalorien einsparen möchten, können Sie dies am besten, indem Sie Halbfettbutter oder fettarme Milch für den Teig verwenden. Magere Frischkäsesorten, Margarine oder Halbfettbutter sind für die Frostings jedoch leider nicht besonders gut geeignet.

• Wir haben bei unseren Rezepten darauf geachtet, dass Teig- und Frostingrezepte beliebig austauschbar sind, wodurch sich eine Fülle neuer Rezeptideen ergibt. Probieren Sie doch mal das Zimtfrosting auf den Rotwein-Cupcakes, das Kokosfrosting auf den Bananen-Cupcakes oder ein üppiges Schokofrosting auf den Vanille-Cupcakes. Der Geschmacksvielfalt sind keine Grenzen gesetzt. Auch einzelne Zutaten lassen sich ganz leicht austauschen: Ersetzen Sie beispielsweise Pecannüsse durch Walnüsse, gemahlene Mandeln durch gemahlene Haselnüsse oder Zartbitterschokolade durch Vollmilchschokolade.

Wir wünschen gutes Gelingen und viel Spaß beim Backen, Verzieren und Genießen!

Cupcakes

Blaubeer-Cupcakes
mit Sahne

Für 12 Stück
100 g weiche Butter
150 g Zucker
3 P. Vanillezucker
2 Eier
120 g Mehl
1 Tl Backpulver
100 ml Milch
200 g Blaubeeren
200 ml Sahne
1 P. Sahnesteif
Papierförmchen für
das Blech

Zubereitungszeit: ca. 20 Minuten
(plus Back- und Kühlzeit)
Pro Stück ca. 244 kcal/1019 kJ
3 g E, 13 g F, 26 g KH

1 Den Backofen auf 175 °C (150 °C Umluft) vorheizen. Ein Muffinblech mit Papierförmchen auslegen. Butter mit Zucker und 1 P. Vanillezucker schaumig schlagen. Die Eier einzeln unterrühren. Mehl mit Backpulver mischen und abwechselnd mit der Milch unter den Teig rühren. Die Blaubeeren waschen, verlesen und trocken tupfen. 125 g vorsichtig von Hand unter den Teig heben.

2 Den Teig gleichmäßig auf die Förmchen verteilen und auf der mittleren Einschubleiste etwa 25 Minuten backen. Danach auf einem Kuchengitter auskühlen lassen.

3 In der Zwischenzeit die Schlagsahne mit 2 P. Vanillezucker und Sahnesteif sehr steif schlagen. Mit einem Löffel auf den abgekühlten Cupcakes verteilen und mit den restlichen Blaubeeren garnieren. Sofort servieren.

Tiramisu-Cupcakes
mit Espresso

Für 12 Stück

3 Eier
100 g Zucker
50 g Mehl
50 g Speisestärke
1 El Vanillepuddingpulver
(ohne Kochen)
1/2 Tl Backpulver
1 Tasse starker Espresso
250 g Mascarpone
50 g gesiebter Puderzucker
100 ml Sahne
Kakaopulver zum Bestäuben
Papierförmchen für das
Blech

Zubereitungszeit: ca. 20 Minuten
(plus Back- und Kühlzeit)
Pro Stück ca. 236 kcal/987 kJ
4 g E, 14 g F, 23 g KH

1 Den Backofen auf 175 °C (150 °C Umluft) vorheizen. Ein Muffinblech mit Papierförmchen auslegen. Die Eier trennen. Das Eiweiß sehr steif schlagen. Nach und nach den Zucker einrieseln lassen und weiterschlagen, bis eine glänzende Masse entsteht. Das Eigelb dazugeben und gründlich unterrühren.

2 Mehl, Speisestärke, Vanillepuddingpulver und Backpulver vermischen. Auf die Eiermasse sieben und vorsichtig untermengen. Den Teig gleichmäßig auf das Muffinblech verteilen. Auf der mittleren Einschubleiste etwa 20 Minuten backen. Kurz ruhen lassen, danach aus der Form nehmen und auf einem Kuchengitter vollständig erkalten lassen.

3 In der Zwischenzeit 1 Tasse starken Espresso kochen. Mascarpone mit Puderzucker zusammen luftig aufschlagen. 1 El Espresso unterrühren. Die Sahne steif schlagen und unter die Mascarponemasse heben. Die ausgekühlten Cupcakes mehrmals mit einer Gabel einstechen. Vorsichtig den Espresso mithilfe eines Teelöffels über die Cupcakes träufeln. Danach die Mascarponecreme auf die Cupcakes geben und mithilfe eines flachen Messers verstreichen. Kalt stellen und erst kurz vor dem Servieren mit Kakaopulver bestäuben.

Zitronen-Cupcakes
mit Frischkäse-Frosting

Für 12 Stück

100 g weiche Butter
100 g Doppelrahmfrischkäse
130 g Zucker
abgeriebene Schale von
1/2 unbehandelten Zitrone
2 Eier
125 g Mehl
1 Tl Backpulver
1/2 Tl Natron
Papierförmchen für das
Blech

Für das Frosting

40 g weiche Butter
80 g Doppelrahmfrischkäse
150 g gesiebter Puderzucker
abgeriebene Schale von
1/2 unbehandelten Zitrone

Zubereitungszeit: ca. 20 Minuten
(plus Back- und Kühlzeit)
Pro Stück ca. 300 kcal/1254 kJ
5 g E, 16 g F, 32 g KH

1 Den Backofen auf 175 °C (150 °C Umluft) vorheizen. Ein Muffinblech mit Papierförmchen auslegen. Butter mit Frischkäse, Zucker, Zitronenschale und Eiern cremig rühren. Mehl mit Backpulver und Natron mischen, auf die Butter-Ei-Creme sieben und nur kurz unterheben. Den Teig gleichmäßig auf die Muffinförmchen verteilen und auf der mittleren Einschubleiste etwa 25 Minuten backen. Danach auf einem Kuchengitter auskühlen lassen.

2 In der Zwischenzeit für das Frosting alle Zutaten gründlich miteinander verrühren und etwa 10 Minuten in den Kühlschrank stellen. Danach das Frosting mit einem flachen Buttermesser auf den Cupcakes verstreichen.

Schwarzwälder-Cupcakes

mit Kirschwasser

Für 12 Stück

75 g Zartbitterkuvertüre

35 g Butter

3 Eier

1 Prise Salz

90 g Zucker

75 g Mehl

1 Tl Backpulver

200 ml Sahne

2 P. Vanillezucker

1 P. Sahnesteif

2 cl Kirschwasser

300 g Kirschgrütze (FP)

geraspelte Zartbitter-
schokolade

Papierförmchen für das
Blech

Zubereitungszeit: ca. 25 Minuten
(plus Back- und Kühlzeit)
Pro Stück ca. 236 kcal/986 kJ
4 g E, 12 g F, 24 g KH

1 Den Backofen auf 175 °C (150 °C Umluft) vorheizen. Ein Muffinblech mit Papierförmchen auslegen. Die Kuvertüre zusammen mit der Butter im Wasserbad schmelzen und leicht abkühlen lassen.

2 Die Eier trennen. Das Eiweiß mit 1 Prise Salz sehr steif schlagen. Das Eigelb mit dem Zucker schaumig rühren. Die Kuvertüre-Butter-Mischung unter das Eigelb mischen, dann den Eischnee vorsichtig unter die Masse heben. Das Mehl mit dem Backpulver mischen, über die Eimasse sieben und ebenfalls vorsichtig unterheben. Den Teig gleichmäßig auf das Muffinblech verteilen und etwa 20 Minuten backen. Nach dem Backen aus der Form lösen und auf einem Kuchengitter vollständig erkalten lassen.

3 Sahne mit Vanillezucker und Sahnesteif steif schlagen. Die Cupcakes nach dem Auskühlen halbieren, die Unterseiten mit dem Kirschwasser beträufeln. Je 1 El Kirschgrütze auf die Unterseite geben und leicht verstreichen. Darauf jeweils 1 El Sahne geben, die Oberseite daraufsetzen und leicht andrücken. Die restliche Sahne auf den Oberseiten verteilen. Mit Zartbitterschokolade bestreuen und vor dem Servieren 30 Minuten kalt stellen.

Zupfkuchen-Cupcakes
mit Quark

Für 12 Stück

100 g Butter
100 g Zucker
2 El Kakaopulver
150 g Mehl
1 Tl Backpulver
2 Eier
100 g Zucker
100 g zerlassene Butter
200 g Magerquark
1/2 P. Vanillepuddingpulver
Papierförmchen für das Blech

Zubereitungszeit: ca. 20 Minuten
(plus Back- und Kühlzeit)
Pro Stück ca. 297 kcal/1242 kJ
6 g E, 16 g F, 31 g KH

1 Den Backofen auf 175 °C (150 °C Umluft) vorheizen. Ein Muffinblech mit Papierförmchen auslegen. Aus den ersten 5 Zutaten einen Mürbeteig kneten. 2/3 des Teiges gleichmäßig auf die Förmchen verteilen und am Boden fest andrücken. Das andere Drittel beiseitestellen.

2 Die Eier schaumig schlagen, Zucker und Butter dazugeben, zuletzt Magerquark und Vanillepuddingpulver unterrühren, bis eine glatte Masse entsteht. Die Quarkmasse gleichmäßig auf die Förmchen verteilen.

3 Den restlichen Mürbeteig in Stücke zupfen und auf der Quarkmasse verteilen. Auf der mittleren Einschubleiste etwa 25 Minuten backen, danach auf einem Kuchengitter vollständig erkalten lassen.

Erdbeer-Cupcakes
mit Erdbeer-Frosting

Für 12 Stück

100 g weiche Butter
150 g Zucker
1 Tl Vanillin (Vanillepulver)
2 Eier
175 g Mehl
1 Tl Backpulver
1 Prise Salz
50 ml Milch
150 g fein gehackte
Erdbeeren
Papierförmchen für das
Blech

Für das Frosting

60 g weiche Butter
60 g Doppelrahmfrischkäse
50 g fein gehackte Erdbeeren
350 g gesiebter Puderzucker

Zubereitungszeit: ca. 20 Minuten
(plus Back- und Kühlzeit)
Pro Stück ca. 375 kcal/1568 kJ
4 g E, 14 g F, 55 g KH

1 Den Backofen auf 175 °C (150 °C Umluft) vorheizen. Ein Muffinblech mit Papierförmchen auslegen. Butter, Zucker und Vanillin cremig schlagen, dann die Eier einzeln unterrühren. Mehl mit Backpulver und Salz mischen und abwechselnd mit der Milch unter die Butter-Ei-Masse rühren. Zuletzt die Erdbeerstückchen unterheben.

2 Den Teig gleichmäßig auf die Muffinförmchen verteilen und auf der mittleren Einschubleiste etwa 20 Minuten backen. Danach auf einem Kuchengitter auskühlen lassen.

3 In der Zwischenzeit für das Frosting alle Zutaten gründlich miteinander verrühren, bis eine cremige Masse entsteht. Sollte das Frosting zu weich sein, weiteren Puderzucker unterrühren. Die Masse bis zur Verwendung in den Kühlschrank stellen, danach in einen Spritzbeutel mit großer Lochtülle füllen und auf den Cupcakes verteilen.

Schokostückchen-Cupcakes
mit Schoko-Frosting

Für 12 Stück

100 g weiche Butter
160 g Zucker
1 P. Vanillezucker
2 Eier
150 g Mehl
1 Tl Backpulver
1/2 Tl Natron
1 Prise Salz
100 g Naturjoghurt
150 g gehackte Zartbitterschokolade
Papierförmchen für das
Blech
bunte Zuckerperlen und
-streusel zum Verzieren

Für das Frosting

100 g Zartbitterkuvertüre
200 g weiche Butter
250 g gesiebter Puderzucker

Zubereitungszeit: ca. 20 Minuten
(plus Back- und Kühlzeit)
Pro Stück ca. 523 kcal/2190 kJ
5 g E, 29 g F, 56 g KH

1 Den Backofen auf 175 °C (150 °C Umluft) vorheizen. Ein Muffinblech mit Papierförmchen auslegen. Butter mit Zucker und Vanillezucker luftig aufschlagen, die Eier einzeln unterrühren. Mehl, Backpulver, Natron und Salz mischen und abwechselnd mit dem Joghurt unter die Buttermasse rühren. Die Schokolade von Hand unterheben.

2 Den Teig gleichmäßig auf die Förmchen verteilen und auf der mittleren Einschubleiste etwa 20 Minuten backen. Anschließend auf einem Kuchengitter auskühlen lassen.

3 In der Zwischenzeit für das Frosting die Zartbitterkuvertüre im Wasserbad schmelzen und wieder abkühlen lassen. Die Butter schaumig aufschlagen, die Kuvertüre dazugeben und cremig rühren. Zuletzt den Puderzucker gründlich untermischen. Sollte die Masse nicht fest genug werden, weiteren Puderzucker unterrühren. Danach in einen Spritzbeutel mit großer Tülle geben und auf den Cupcakes verteilen. Mit bunten Zuckerperlen und -streuseln verzieren.

Karamell-Cupcakes
mit Karamell-Glasur

Für 12 Stück

125 g Butter
100 g gehackte weiße Kuvertüre
160 g brauner Zucker
150 ml Milch
175 g Mehl
1 Tl Backpulver
1 Prise Salz
1 Ei
Papierförmchen für das Blech

Für die Glasur

110 g brauner Zucker
60 g Butter
60 ml Sahne
1 Tl Vanillin (Vanillepulver)

Zubereitungszeit: ca. 20 Minuten (plus Back- und Kühlzeit)
Pro Stück ca. 347 kcal/1453 kJ
4 g E, 18 g F, 40 g KH

1 Den Backofen auf 175 °C (150 °C Umluft) vorheizen. Ein Muffinblech mit Papierförmchen auslegen. Butter, weiße Kuvertüre, braunen Zucker und Milch in einem kleinen Topf bei niedriger Hitze zum Schmelzen bringen und so lange rühren, bis eine homogene Masse entsteht. Vom Herd nehmen und etwa 10 Minuten abkühlen lassen.

2 Mehl, Backpulver und Salz vermischen und unter die Karamellmasse rühren, zuletzt das Ei unterrühren. Die Masse gleichmäßig auf die Papierförmchen verteilen und auf der mittleren Einschubleiste etwa 30 Minuten backen. Danach in der Form abkühlen lassen.

3 In der Zwischenzeit die Zutaten für die Glasur in einen kleinen Topf geben, aufkochen und dann bei niedriger Temperatur etwa 5 Minuten sanft köcheln lassen. Die Karamellcreme warm auf den noch warmen Cupcakes verteilen und servieren.

Cheesecake-Cupcakes
mit Schmand-Frosting

Für 12 Stück

50 g klein gehackte Vollkornbutterkekse
1/2 Tl Zimt
20 g zerlassene Butter
2 Eier
85 g Zucker
2 P. Vanillezucker
300 g Doppelrahmfrischkäse
150 g Schmand
Papierförmchen für das Blech

Zubereitungszeit: ca. 20 Minuten
(plus Back- und Kühlzeit)
Pro Stück ca. 216 kcal/904 kJ
6 g E, 15 g F, 12 g KH

1 Den Backofen auf 170 °C (150 °C Umluft) vorheizen. Ein Muffinblech mit Papierförmchen auslegen. Die Vollkornbutterkekse mit dem Zimt und der
Butter mischen und auf die Förmchen verteilen. Mit
einem Kochlöffelstiel am Boden gut andrücken.

2 Die Eier sehr cremig rühren. 75 g Zucker und
Vanillezucker unterrühren, zum Schluss Frischkäse und 50 g Schmand gründlich untermischen. Die
Masse auf den Keksböden in den Förmchen verteilen
und auf der mittleren Einschubleiste etwa 20 Minuten backen. Sollte die Oberfläche zu dunkel werden,
mit Alufolie abdecken. Nach dem Backen in der Form
vollständig auskühlen lassen.

3 Restlichen Schmand mit restlichem Zucker
glatt rühren, auf die Cupcakes streichen und
diese vor dem Servieren mindestens 2 Stunden kalt
stellen.

Pecannuss-Cupcakes
mit Frischkäse

Für 12 Stück

200 g Doppelrahmfrischkäse
1 P. Vanillezucker
200 g Zucker
2 Eier
50 g zerlassene Butter
100 g Mehl
2 El Kakaopulver
50 g grob gehackte
Pecannüsse
Papierförmchen für
das Blech
Pecannusshälften
zum Garnieren

Für das Frosting

70 g weiche Butter
2 El Milch
100 g gesiebter Puderzucker
2 El Kakaopulver

Zubereitungszeit: ca. 20 Minuten
(plus Back- und Kühlzeit)
Pro Stück ca. 350 kcal/1463 kJ
6 g E, 20 g F, 35 g KH

1 Den Backofen auf 175 °C (150 °C Umluft) vorheizen. Ein Muffinblech mit Papierförmchen auslegen. Den Frischkäse mit dem Vanillezucker und 50 g Zucker cremig rühren, dann kalt stellen. Die Eier schaumig schlagen, den restlichen Zucker einrieseln lassen und so zu einer cremigen Masse aufschlagen. Die Butter unterrühren. Mehl und Kakaopulver mischen und auf die Eimasse sieben, kurz untermengen, dann die Nüsse von Hand unterrühren.

2 Die Hälfte des Teigs auf die Muffinförmchen verteilen und glatt streichen. Dann jeweils etwa 1 El von der Frischkäsecreme daraufgeben und mit dem restlichen Teig bedecken. Die Cupcakes auf der mittleren Einschubleiste etwa 20 Minuten backen, danach auf einem Kuchengitter auskühlen lassen.

3 In der Zwischenzeit für das Frosting Butter und Milch in einem kleinen Topf bei niedriger Hitze schmelzen lassen. Puderzucker und Kakaopulver unterrühren. Sollte das Frosting zu weich bleiben, weiteren Puderzucker einrühren. Die abgekühlten Cupcakes mit dem Frosting bestreichen und mit Pecannusshälften garnieren. Bis zum Servieren kalt stellen.

Kokos-Cupcakes

mit Frischkäse-Frosting

Für 12 Stück

120 g weiße Kuvertüre
120 g Butter
2 Eier
120 g Zucker
125 g Mehl
100 g Kokosraspel
1 Tl Backpulver
120 ml Kokosmilch
Papierförmchen für das Blech
Kokoschips zum Garnieren

Für das Frosting

200 g Doppelrahmfrischkäse
120 g gesiebter Puderzucker
100 g Kokosraspel
Kakaopulver zum Garnieren

Zubereitungszeit: ca. 20 Minuten
(plus Back- und Kühlzeit)
Pro Stück ca. 438 kcal/1834 kJ
7 g E, 29 g F, 35 g KH

1 Den Backofen auf 175 °C (150 °C Umluft) vorheizen. Ein Muffinblech mit Papierförmchen auslegen. Kuvertüre und Butter in einem kleinen Topf bei niedriger Hitze schmelzen und wieder etwas abkühlen lassen.

2 Die Eier trennen, das Eiweiß steif schlagen. 50 g Zucker einrieseln lassen und zu einer glänzenden Masse rühren. Eigelb mit restlichem Zucker dickschaumig aufschlagen und die Kuvertüre-Butter-Mischung unterrühren.

3 Mehl mit Kokosraspeln und Backpulver mischen und abwechselnd mit der Kokosmilch unter den Teig rühren. Zuletzt den Eischnee unterheben. Den Teig gleichmäßig auf die Förmchen verteilen und etwa 25 Minuten auf der mittleren Einschubleiste backen. Danach auf einem Kuchengitter auskühlen lassen.

4 In der Zwischenzeit die Frostingzutaten gründlich vermischen und mit einem flachen Messer auf die Cupcakes streichen. Mit Kokoschips und Kakaopulver garnieren.

Schokoladen-Cupcakes
mit Schoko-Frosting

Für 12 Stück

125 g Butter
150 g Zucker
1 P. Vanillezucker
2 Eier
2 El Kakaopulver
150 g Mehl
1 Tl Backpulver
1/2 Tl Natron
1 Prise Salz
100 g saure Sahne
Papierförmchen für das Blech
geraspelte weiße Schokolade zum Garnieren

Für das Frosting

100 g Zartbitterkuvertüre
200 g weiche Butter
200 g gesiebter Puderzucker

Zubereitungszeit: ca. 20 Minuten
(plus Back- und Kühlzeit)
Pro Stück ca. 470 kcal/1967 kJ
4 g E, 29 g F, 45 g KH

1 Den Backofen auf 175 °C (150 °C Umluft) vorheizen. Ein Muffinblech mit Papierförmchen auslegen. Butter mit Zucker und Vanillezucker in einem kleinen Topf bei niedriger Hitze schmelzen und wieder abkühlen lassen. In eine Rührschüssel geben und cremig aufschlagen. Die Eier einzeln unterrühren. Das Kakaopulver mit etwa 2 El heißem Wasser glatt rühren und unter die Butter-Ei-Masse mischen. Mehl, Backpulver, Natron und Salz mischen, abwechselnd mit der sauren Sahne unter die Butter-Ei-Masse rühren.

2 Den Teig gleichmäßig auf die Förmchen verteilen und auf der mittleren Einschubleiste etwa 20 Minuten backen. Danach auf einem Kuchengitter auskühlen lassen.

3 In der Zwischenzeit für das Frosting die Kuvertüre im Wasserbad schmelzen und wieder abkühlen lassen. Die Butter cremig rühren, die Schokolade unterrühren und mit dem Puderzucker zusammen luftig aufschlagen. Das Frosting in einen Spritzbeutel mit großer Lochtülle füllen und die Cupcakes spiralförmig damit verzieren. Zum Schluss mit etwas geraspelter weißer Schokolade garnieren.

Erdnussbutter-Cupcakes
mit Frischkäse-Frosting

Für 12 Stück

100 g weiche Butter
50 g Erdnussbutter
150 g brauner Zucker
1 Tl Vanillin (Vanillepulver)
2 Eier
125 g Mehl
1 Tl Backpulver
1 Prise Salz
100 ml Buttermilch
Papierförmchen für das Blech
Erdnüsse zum Garnieren

Für das Frosting

60 g Butter
80 g Doppelrahmfrischkäse
120 g gesiebter Puderzucker
1/2 Tl Vanillin (Vanillepulver)

Zubereitungszeit: ca. 25 Minuten
(plus Back- und Kühlzeit)
Pro Stück ca. 308 kcal/1290 kJ
5 g E, 17 g F, 33 g KH

1 Den Backofen auf 175 °C (150 °C Umluft) vorheizen. Ein Muffinblech mit Papierförmchen auslegen. Butter und Erdnussbutter schaumig rühren, den Zucker mit dem Vanillin mischen und langsam unter Rühren einrieseln lassen. Alles zu einer hellen Creme aufschlagen. Die Eier einzeln dazugeben und gründlich untermischen. Mehl, Backpulver und Salz mischen und abwechselnd mit der Buttermilch unter den Teig rühren.

2 Den Teig gleichmäßig auf die Muffinförmchen verteilen und auf der mittleren Einschubleiste etwa 25 Minuten backen. Danach auf einem Kuchengitter vollständig auskühlen lassen.

3 In der Zwischenzeit für das Frosting Butter und Frischkäse cremig rühren, Puderzucker und Vanillin dazugeben und zu einer glatten Masse schlagen. In einen Spritzbeutel mit großer Lochtülle füllen und auf den Cupcakes verteilen. Mit Erdnüssen garnieren.

Rübli-Cupcakes
mit Frischkäse-Frosting

Für 12 Stück

2 Eier
1 Prise Salz
70 g Zucker
100 g gemahlene Mandeln
1 El Mehl
75 g geraspelte Möhren
Papierförmchen für das
Blech
12 Marzipanmöhren zum
Garnieren

Für das Frosting

100 g weiche Butter
150 g Doppelrahmfrischkäse
150 g gesiebter Puderzucker

Zubereitungszeit: ca. 20 Minuten
(plus Back- und Kühlzeit)
Pro Stück ca. 315 kcal/1318 kJ
6 g E, 19 g F, 27 g KH

1 Den Backofen auf 175 °C (150 °C Umluft) vorheizen. Ein Muffinblech mit Papierförmchen auslegen. Die Eier trennen. Das Eiweiß mit 1 Prise Salz sehr steif schlagen. Den Zucker einrieseln lassen und zu einer glänzenden Masse weiterschlagen. Die Eigelbe einzeln unterrühren und gründlich vermengen. Mandeln, Mehl und Möhren vorsichtig untermischen.

2 Den Teig gleichmäßig auf die Förmchen verteilen und auf der mittleren Einschubleiste etwa 30 Minuten backen. Danach auf einem Kuchengitter auskühlen lassen.

3 In der Zwischenzeit für das Frosting die Butter mit dem Frischkäse cremig aufschlagen und den Puderzucker gründlich untermischen. In einen Spritzbeutel mit großer Tülle füllen und auf den Cupcakes verteilen oder mit einem flachen Messer verstreichen. Jeweils 1 Marzipanmöhre auf das Frosting setzen.

Vanille-Cupcakes
mit Vanille-Frosting

Für 12 Stück

100 g weiche Butter

150 g Zucker

1 Tl Vanillin (Vanillepulver)

2 Eier

2 Eigelbe

175 g Mehl

1 Tl Backpulver

1 Prise Salz

150 ml Buttermilch

Papierförmchen für das Blech

bunte Zuckerstreusel zum Garnieren

Für das Frosting

70 g weiche Butter

75 g gesiebter Puderzucker

1 Tl Vanillin (Vanillepulver)

Zubereitungszeit: ca. 20 Minuten
(plus Back- und Kühlzeit)
Pro Stück ca. 287 kcal/1199 kJ
4 g E, 15 g F, 31 g KH

1 Den Backofen auf 175 °C (150 °C Umluft) vorheizen. Ein Muffinblech mit Papierförmchen auslegen. Butter mit Zucker und Vanillin luftig aufschlagen, die Eier und Eigelbe einzeln unterrühren. Mehl, Backpulver und Salz mischen und abwechselnd mit der Buttermilch unter die Buttermasse rühren.

2 Den Teig gleichmäßig auf die Förmchen verteilen und auf der mittleren Einschubleiste etwa 20 Minuten backen. Danach auf einem Kuchengitter auskühlen lassen.

3 In der Zwischenzeit für das Frosting die Butter mit dem Puderzucker und dem Vanillin luftig aufschlagen, in einen Spritzbeutel mit großer Lochtülle füllen und die Cupcakes spiralförmig damit garnieren. Mit Zuckerstreuseln bestreuen und servieren.

Bananen-Cupcakes
mit Walnüssen

Für 12 Stück

100 g weiche Butter

150 g brauner Zucker

1 P. Vanillezucker

2 Eier

150 g Mehl

1 Tl Backpulver

1/2 Tl Natron

1 Prise Salz

1/2 Tl Zimt

2 reife Bananen

75 ml Buttermilch

50 g grob gehackte Walnuss-kerne

Papierförmchen für das Blech

12 Walnusshälften zum Garnieren

Für das Frosting

70 g weiche Butter

50 g Doppelrahmfrischkäse

100 g gesiebter Puderzucker

1 Tl Vanillin (Vanillepulver)

Zubereitungszeit: ca. 20 Minuten (plus Back- und Kühlzeit)
Pro Stück ca. 338 kcal/1415 kJ
5 g E, 18 g F, 36 g KH

1 Den Backofen auf 175 °C (150 °C Umluft) vorheizen. Ein Muffinblech mit Papierförmchen auslegen. Butter mit Zucker und Vanillezucker cremig rühren, die Eier einzeln unterrühren. Mehl, Backpulver, Natron, Salz und Zimt mischen. Bananen mit einer Gabel zerdrücken und mit der Buttermilch vermischen. Mehl- und Bananenmischung abwechselnd unter die Butter-Eier-Masse rühren. Zuletzt die Walnüsse von Hand unterheben.

2 Den Teig gleichmäßig auf die Förmchen verteilen und auf der mittleren Einschubleiste etwa 25 Minuten backen. Danach auf einem Kuchengitter auskühlen lassen.

3 In der Zwischenzeit für das Frosting die Butter mit dem Frischkäse cremig rühren. Den Puderzucker und das Vanillin untermischen. Die Creme mit einem flachen Messer auf den Cupcakes verstreichen. Die Walnusshälften daraufsetzen und servieren.

Gefüllte Cupcakes
mit Schoko-Creme

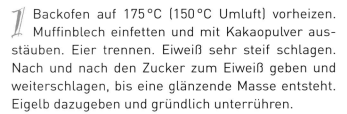

Für 12 Stück

3 Eier

100 g Zucker

50 g Mehl

50 g Speisestärke

1 El Kakaopulver

1/2 Tl Backpulver

125 g Vollmilchkuvertüre

200 g Crème fraîche

100 ml Sahne

weiße Schokoladenraspel zum Garnieren

Butter und Kakaopulver für das Blech

Zubereitungszeit: ca. 20 Minuten (plus Back- und Kühlzeit)
Pro Stück ca. 259 kcal/1082 kJ
4 g E, 15 g F, 24 g KH

1 Backofen auf 175 °C (150 °C Umluft) vorheizen. Muffinblech einfetten und mit Kakaopulver ausstäuben. Eier trennen. Eiweiß sehr steif schlagen. Nach und nach den Zucker zum Eiweiß geben und weiterschlagen, bis eine glänzende Masse entsteht. Eigelb dazugeben und gründlich unterrühren.

2 Mehl, Speisestärke, Kakaopulver und Backpulver mischen. Auf die Eiermasse sieben und vorsichtig untermengen. Den Teig gleichmäßig auf die Förmchen verteilen. 20 Minuten auf der mittleren Einschubleiste backen. 5 Minuten in der Form auskühlen lassen, dann aus der Form lösen und auf einem Kuchengitter vollständig erkalten lassen.

3 Die Kuvertüre im Wasserbad schmelzen. Nach und nach die Crème fraîche unterrühren. Dann die Masse in den Kühlschrank stellen, damit sie fest wird. Die Sahne steif schlagen. Die leicht angedickte Schokoladencreme mit dem Handmixer luftig aufschlagen und die geschlagene Sahne vorsichtig untermengen. Bis zur Verwendung kalt stellen.

4 Die Cupcakes halbieren. Jeweils 1 El der Schokoladencreme auf die Unterseite geben und den Deckel aufsetzen. Restliche Creme in einen Spritzbeutel mit großer Lochtülle geben und die Cupcakes damit verzieren oder die Creme mit einem flachen Messer verstreichen. Mit weißer Raspelschokolade verzieren und bis zum Servieren kalt stellen.

Schoko-Kirsch-Cupcakes
mit Buttercreme

Für 12 Stück

300 ml Milch

75 g Zucker

1 P. Vanillepuddingpulver

150 g Sauerkirschen aus dem Glas

250 g weiche Butter

100 g Zucker

1 P. Vanillezucker

1 Prise Salz

3 Eier

150 g Mehl

1 Tl Backpulver

1 El Kakaopulver

Papierförmchen für das Blech

Kakaopulver zum Bestäuben

12 Kirschen zur Dekoration

Zubereitungszeit: ca. 20 Minuten (plus Back- und Kühlzeit)
Pro Stück ca. 328 kcal/1371 kJ
5 g E, 20 g F, 29 g KH

1 Den Backofen auf 175 °C (150 °C Umluft) vorheizen. Ein Muffinblech mit Papierförmchen auslegen. Aus Milch, Zucker und Puddingpulver nach Packungsanleitung einen festen Pudding kochen und abkühlen lassen. Die Kirschen in einem Sieb gut abtropfen lassen.

2 100 g Butter mit Zucker, Vanillezucker und Salz sehr schaumig rühren, die Eier einzeln unterrühren. Mehl mit Backpulver mischen und ebenfalls untermischen. Die Hälfte des Teigs gleichmäßig in die Papierförmchen verteilen. Das Kakaopulver zum restlichen Teig geben und gründlich untermischen. Den dunklen Teig ebenfalls auf die Förmchen verteilen. Jeweils 3–4 Kirschen pro Förmchen in den Teig drücken. Die Cupcakes auf der mittleren Einschubleiste etwa 20 Minuten backen. Danach auf einem Kuchengitter vollständig auskühlen lassen.

3 In der Zwischenzeit die restliche Butter schaumig aufschlagen und den abgekühlten Pudding nach und nach unterrühren, bis eine gleichmäßige Buttercreme entsteht. Die Creme in einen Spritzbeutel mit großer Sterntülle füllen und gleichmäßig auf den Cupcakes verteilen. Zuletzt jeweils 1 Kirsche auf die Buttercreme setzen.

Vanille-Mandel-Cupcakes
mit Cremefüllung

Für 12 Stück

2 Eier

75 g Zucker

1 P. Vanillezucker

50 g Mehl

1/2 Tl Backpulver

Mandelblättchen zum Verzieren

Butter und gemahlene Mandeln für das Blech

Für die Creme

400 ml Sahne

1 P. Vanillecremepulver (ohne Kochen)

Zubereitungszeit: ca. 20 Minuten (plus Back- und Kühlzeit)
Pro Stück ca. 185 kcal/773 kJ
3 g E, 12 g F, 15 g KH

1 Den Backofen auf 170 °C (150 °C Umluft) vorheizen. Ein Muffinblech einfetten und mit gemahlenen Mandeln ausstreuen. Die Eier dickschaumig aufschlagen, Zucker und Vanillezucker einrieseln lassen und sehr cremig rühren. Mehl und Backpulver mischen, auf die Eiermasse sieben und kurz von Hand unterheben. Den Teig auf die Mulden verteilen und auf der mittleren Einschubleiste etwa 20 Minuten backen. Danach auf einem Kuchengitter auskühlen lassen.

2 Für die Creme die Sahne mit dem Cremepulver dick aufschlagen. Die Cupcakes halbieren, mit je 1 El der Creme bestreichen und wieder zusammensetzen. Die restliche Creme in einen Spritzbeutel mit großer Tülle füllen und auf den Cupcakes verteilen oder mit einem flachen Messer verstreichen. Mandelblättchen in einer Pfanne ohne Fett rösten, auf die Cupcakes streuen und diese bis zum Servieren kalt stellen.

Apfel-Zimt-Cupcakes
mit Zimt-Frosting

Für 12 Stück

120 g weiche Butter

120 g Zucker

2 Eier

120 g Mehl

1 Tl Zimt

2 Äpfel

Papierförmchen für das Blech

Apfelspalten zum Garnieren

Für das Frosting

100 g Doppelrahmfrischkäse

60 g weiche Butter

1 Tl Zimt

250 g gesiebter Puderzucker

Zubereitungszeit: ca. 20 Minuten
(plus Back- und Kühlzeit)
Pro Stück ca. 337 kcal/1410 kJ
4 g E, 17 g F, 41 g KH

1 Den Backofen auf 170 °C (150 °C Umluft) vorheizen. Ein Muffinblech mit Papierförmchen auslegen. Die Butter mit dem Zucker cremig schlagen, danach die Eier einzeln unterrühren. Mehl mit Zimt mischen und unter die Butter-Ei-Masse mischen.

2 Die Äpfel schälen, vierteln, entkernen und je nach Geschmack klein würfeln oder fein reiben. Anschließend unter den Teig heben, diesen dann auf die Förmchen verteilen und auf der mittleren Einschubleiste etwa 25 Minuten backen. Danach auf einem Kuchengitter auskühlen lassen.

3 Für das Frosting den Frischkäse mit Butter cremig aufschlagen. Den Zimt unter den Puderzucker mischen und beides unter die Frischkäsemasse rühren. Sollte die Konsistenz zu weich sein, weiteren Puderzucker unterrühren. Das Frosting in einen Spritzbeutel mit großer Tülle füllen und auf den Cupcakes verteilen oder mit einem flachen Messer verstreichen. Mit einigen fein geschnittenen Apfelspalten garnieren.

Schokoladen-Cupcakes
mit Schmand-Frosting

Für 12 Stück

120 g weiche Butter
150 g Zucker
1 P. Vanillezucker
2 Eier
150 g Mehl
1/2 Tl Backpulver
1 Prise Salz
100 g Zartbitterschokolade
100 g Schmand
Papierförmchen für das Blech
Schokoladenraspel zum Bestreuen

Für das Frosting

100 g weiche Butter
2 El Schmand
1 Tl Vanillin (Vanillepulver)
200 g gesiebter Puderzucker

Zubereitungszeit: ca. 20 Minuten
(plus Back- und Kühlzeit)
Pro Stück ca. 404 kcal/1692 kJ
4 g E, 22 g F, 45 g KH

1 Den Backofen auf 170 °C (150 °C Umluft) vorheizen. Ein Muffinblech mit Papierförmchen auslegen. Die Butter mit Zucker und Vanillezucker cremig aufschlagen, danach die Eier einzeln unterrühren. Mehl mit Backpulver und Salz mischen und unter die Butter-Ei-Masse mischen.

2 Die Schokolade im Wasserbad schmelzen und unter ständigem Rühren unter den Teig mischen. Zuletzt den Schmand unterrühren. Den Teig auf die Förmchen verteilen und auf der mittleren Einschubleiste etwa 25 Minuten backen. Danach auf einem Kuchengitter auskühlen lassen.

3 Für das Frosting die Butter mit dem Schmand und dem Vanillin luftig aufschlagen, dann den Puderzucker mit unterrühren. Sollte das Frosting zu weich sein, weiteren Puderzucker unterrühren, bis die gewünschte Konsistenz erreicht ist. Masse in einen Spritzbeutel mit großer Tülle füllen und auf den Cupcakes verteilen oder mit einem flachen Messer darauf verstreichen. Mit Schokoladenraspeln bestreut servieren.

Eierlikör-Cupcakes
mit Eierlikörguss

Für 12 Stück

3 Eier
150 g Zucker
1 P. Vanillezucker
100 ml Pflanzenöl
100 ml Eierlikör
150 g Mehl
1/2 Tl Backpulver
Papierförmchen für das
Blech

Für den Guss

80 g gesiebter Puderzucker
3 El Eierlikör

Zubereitungszeit: ca. 20 Minuten
(plus Back- und Kühlzeit)
Pro Stück ca. 249 kcal/1042 kJ
4 g E, 11 g F, 33 g KH

1 Den Backofen auf 170 °C (150 °C Umluft) vorheizen. Ein Muffinblech mit Papierförmchen auslegen. Die Eier mit Zucker und Vanillezucker cremig aufschlagen, danach das Öl und den Eierlikör unterrühren. Mehl mit Backpulver mischen und unter die Ei-Öl-Masse mischen.

2 Den Teig auf die Förmchen verteilen und auf der mittleren Einschubleiste etwa 20 Minuten backen. Danach auf einem Kuchengitter auskühlen lassen.

3 Für den Guss den Puderzucker mit dem Eierlikör glatt rühren. Sollte er zu flüssig sein, weiteren Puderzucker unterrühren. Auf den Cupcakes verstreichen und fest werden lassen.

Nussnougat-Cupcakes
mit Nougat-Frosting

Für 12 Stück

100 g weiche Butter
120 g Zucker
2 Eier
120 g Mehl
1 El Kakaopulver
1/2 Tl Backpulver
100 g Nussnougatcreme
Papierförmchen für das Blech
Haselnusskrokant zum Dekorieren

Für das Frosting

60 g weiche Butter
60 g Nussnougatcreme
200 g gesiebter Puderzucker
50 ml Milch

Zubereitungszeit: ca. 20 Minuten
(plus Back- und Kühlzeit)
Pro Stück ca. 350 kcal/1465 kJ
3 g E, 17 g F, 44 g KH

1 Den Backofen auf 170 °C (150 °C Umluft) vorheizen. Ein Muffinblech mit Papierförmchen auslegen. Die Butter mit dem Zucker cremig rühren, die Eier einzeln unterrühren. Mehl mit Kakaopulver und Backpulver mischen und unter die Butter-Ei-Masse rühren. Zuletzt die Nussnougatcreme unterheben.

2 Den Teig auf die Förmchen verteilen und auf der mittleren Einschubleiste etwa 20 Minuten backen. Danach auf einem Kuchengitter auskühlen lassen.

3 In der Zwischenzeit für das Frosting die Butter mit der Nussnougatcreme sehr cremig rühren, dann den Puderzucker und die Milch untermischen. Sollte die Masse zu weich sein, weiteren Puderzucker unterrühren. In einen Spritzbeutel mit großer Tülle füllen und auf den Cupcakes verteilen oder mit einem flachen Messer verstreichen. Mit Haselnusskrokant bestreuen.

Schoko-Cupcakes
mit Espresso-Buttercreme

Für 12 Stück

60 g Butter
90 g brauner Zucker
1 P. Vanillezucker
1 Ei
135 g Mehl
1 El Kakaopulver
1/2 Tl Backpulver
1 Prise Salz
60 g Schmand
60 ml frisch gebrühter Espresso
2 Tl Instant-Espressopulver
Papierförmchen für das Blech
12 Kaffeebohnen zum Garnieren

Für die Buttercreme

2 Eiweiß
75 g Zucker
1 P. Vanillezucker
100 g weiche Butter
1 Tl Instant-Espressopulver

Zubereitungszeit: ca. 25 Minuten (plus Back- und Kühlzeit)
Pro Stück ca. 236 kcal/987 kJ
3 g E, 13 g F, 25 g KH

1 Den Backofen auf 170 °C (150 °C Umluft) vorheizen. Ein Muffinblech mit Papierförmchen auslegen. Die Butter mit dem Zucker und dem Vanillezucker cremig rühren, dann das Ei unterrühren. Mehl mit Kakaopulver, Backpulver und Salz mischen und abwechselnd mit dem Schmand unter die Butter-Ei-Masse rühren. Den abgekühlten Espresso mit dem Instant-Espressopulver vermischen und zum Schluss unter den Teig rühren. Den Teig auf die Förmchen verteilen und auf der mittleren Einschubleiste etwa 20 Minuten backen. Danach auf einem Kuchengitter auskühlen lassen.

2 In der Zwischenzeit für die Buttercreme das Eiweiß in einer Schüssel über einem warmen Wasserbad mit einem Schneebesen leicht aufschlagen. Zucker und Vanillezucker einrieseln lassen und so lange ständig weiterrühren, bis der Zucker aufgelöst ist. Dabei nicht zu heiß werden lassen, damit das Eiweiß nicht stockt. In eine große Rührschüssel geben und mehrere Minuten lang zu einer steifen Masse luftig aufschlagen. Die Butter in kleinen Stücken unter ständigem Rühren unter das Eiweiß mischen und einige Minuten weiterschlagen. Zum Schluss das Instant-Espressopulver unterrühren. Die Buttercreme mit einem flachen Messer kuppelförmig auf den Cupcakes verteilen und auf die Spitze jeweils 1 Kaffeebohne setzen.

Limonaden-Cupcakes
mit Schmandcreme

Für 12 Stück

2 Eier
100 g Zucker
1 P. Vanillezucker
50 ml Pflanzenöl
125 g Mehl
1 Tl Backpulver
50 ml Orangenlimonade
Papierförmchen für das Blech
bunte Zuckerstreusel zum Garnieren

Für die Schmandcreme

200 ml Sahne
1 P. Vanillezucker
150 g Schmand
1 P. Vanillesaucenpulver (ohne Kochen)

Zubereitungszeit: ca. 20 Minuten (plus Back- und Kühlzeit)
Pro Stück ca. 240 kcal/1006 kJ
3 g E, 13 g F, 25 g KH

1 Den Backofen auf 170 °C (150 °C Umluft) vorheizen. Ein Muffinblech mit Papierförmchen auslegen. Die Eier mit dem Zucker und dem Vanillezucker cremig rühren, dann das Öl unterrühren. Mehl mit Backpulver mischen und abwechselnd mit der Orangenlimonade unter die Butter-Ei-Masse rühren. Den Teig auf die Förmchen verteilen und auf der mittleren Einschubleiste etwa 20 Minuten backen. Anschließend auf einem Kuchengitter auskühlen lassen.

2 Für die Schmandcreme die Sahne mit dem Vanillezucker steif schlagen, dann den Schmand und das Saucenpulver unterrühren, bis eine luftige, aber feste Masse entsteht. Diese mit einem flachen Messer auf den Cupcakes verstreichen. Mit bunten Zuckerstreuseln bestreuen.

Marmor-Cupcakes
mit Schlagsahne

Für 12 Stück

100 g weiche Butter
150 g Zucker
3 P. Vanillezucker
3 Eier
150 g Mehl
1 Tl Backpulver
300 ml Sahne
1 El Kakaopulver
1 P. Sahnesteif
Papierförmchen für das Blech
Kakaopulver zum Bestäuben

Zubereitungszeit: ca. 20 Minuten
(plus Back- und Kühlzeit)
Pro Stück ca. 276 kcal/1156 kJ
4 g E, 17 g F, 26 g KH

1 Den Backofen auf 170 °C (150 °C Umluft) vorheizen. Ein Muffinblech mit Papierförmchen auslegen. Die Butter mit dem Zucker und 1 Päckchen Vanillezucker cremig rühren, dann die Eier einzeln unterrühren. Mehl mit Backpulver mischen und abwechselnd mit 100 ml Sahne unter die Butter-Ei-Masse rühren.

2 Die Hälfte des Teigs auf die Förmchen verteilen. Unter die andere Hälfte das Kakaopulver rühren. Den dunklen Teig auf dem hellen Teig verteilen. Eine Gabel von unten nach oben durch den Teig ziehen, sodass eine Marmorierung entsteht. Auf der mittleren Einschubleiste etwa 20 Minuten backen. Danach auf einem Kuchengitter auskühlen lassen.

3 Die restliche Sahne mit dem restlichen Vanillezucker und dem Sahnesteif steif schlagen und auf den Cupcakes verteilen. Mit etwas Kakaopulver bestäubt servieren.

Himbeer-Joghurt-Cupcakes
mit Himbeer-Frosting

Für 12 Stück

2 Eier
150 g Zucker
1 P. Vanillezucker
100 ml Pflanzenöl
100 g Naturjoghurt
175 g Mehl
1 Tl Backpulver
150 g TK-Himbeeren
Papierförmchen für das
Blech
12 frische Himbeeren zum
Garnieren

Für das Frosting

60 g weiche Butter
60 g Doppelrahmfrischkäse
50 g fein gehackte, durch
ein Sieb gestrichene frische
Himbeeren
350 g gesiebter Puderzucker

Zubereitungszeit: ca. 20 Minuten
(plus Back- und Kühlzeit)
Pro Stück ca. 324 kcal/1354 kJ
4 g E, 16 g F, 39 g KH

1 Den Backofen auf 170 °C (150 °C Umluft) vorheizen. Ein Muffinblech mit Papierförmchen auslegen. Die Eier mit dem Zucker und dem Vanillezucker cremig rühren, dann das Öl und den Joghurt unterrühren. Mehl mit Backpulver mischen und unter die Masse rühren. Den Teig auf die Förmchen verteilen, jeweils einige gefrorene Himbeeren in den Teig drücken und die Cupcakes auf der mittleren Einschubleiste etwa 20 Minuten backen. Danach auf einem Kuchengitter auskühlen lassen.

2 In der Zwischenzeit für das Frosting alle Zutaten gründlich miteinander verrühren, bis eine cremige Masse entsteht. Sollte das Frosting zu weich sein, weiteren Puderzucker unterrühren. Die Masse bis zur Verwendung in den Kühlschrank stellen. Anschließend in einen Spritzbeutel mit großer Sterntülle füllen und dekorativ auf die Cupcakes geben. Mit frischen Himbeeren garnieren.

Schoko-Nuss-Cupcakes
mit Mascarponecreme

Für 12 Stück

100 g weiche Butter
50 g Zartbitterschokolade
2 Eier
100 g Zucker
150 g gemahlene Haselnüsse
Papierförmchen für das Blech
Haselnusskrokant zum Garnieren

Für die Mascarponecreme

100 g Mascarpone
100 g Doppelrahmfrischkäse
100 g gesiebter Puderzucker

Zubereitungszeit: ca. 20 Minuten
(plus Back- und Kühlzeit)
Pro Stück ca. 336 kcal/1404 kJ
6 g E, 23 g F, 23 g KH

1 Den Backofen auf 170 °C (150 °C Umluft) vorheizen. Ein Muffinblech mit Papierförmchen auslegen. Die Butter mit der Schokolade im Wasserbad schmelzen und etwas abkühlen lassen.

2 Die Eier trennen, das Eiweiß sehr steif schlagen. Das Eigelb mit Zucker schaumig rühren, dann die Schokoladen-Butter-Mischung unterrühren. Die Haselnüsse dazugeben und ebenfalls untermischen. Zum Schluss den Eischnee unterheben. Den Teig auf die Förmchen verteilen und auf der mittleren Einschubleiste etwa 25 Minuten backen. Danach auf einem Kuchengitter auskühlen lassen.

3 Für die Mascarponecreme alle Zutaten gründlich miteinander vermischen, in einen Spritzbeutel mit Sterntülle geben und die Cupcakes damit verzieren. Mit Haselnusskrokant garnieren.

Rotwein-Cupcakes

mit Schoko-Frosting

Für 12 Stück

125 g weiche Butter

125 g Zucker

1 P. Vanillezucker

2 Eier

175 g Mehl

1 El Kakaopulver

1 Tl Backpulver

1/2 Tl Zimt

125 ml Rotwein

75 g gehackte Zartbitter-
schokolade

Papierförmchen für das
Blech

Für das Frosting

100 g Zartbitterschokolade

200 g weiche Butter

250 g gesiebter Puderzucker

Zubereitungszeit: ca. 20 Minuten
(plus Back- und Kühlzeit)
Pro Stück ca. 505 kcal/2115 kJ
4 g E, 29 g F, 52 g KH

1 Den Backofen auf 170 °C (150 °C Umluft) vorheizen. Ein Muffinblech mit Papierförmchen auslegen. Die Butter mit Zucker und Vanillezucker cremig rühren, die Eier einzeln unterrühren. Mehl mit Kakaopulver, Backpulver und Zimt mischen und abwechselnd mit dem Rotwein unter die Butter-Ei-Masse rühren. Zuletzt die Schokolade unterheben. Den Teig auf die Förmchen verteilen und auf der mittleren Einschubleiste etwa 25 Minuten backen. Danach auf einem Kuchengitter auskühlen lassen.

2 In der Zwischenzeit für das Frosting die Schokolade im Wasserbad schmelzen und wieder abkühlen lassen. Die Butter schaumig aufschlagen, die Schokolade dazugeben und cremig rühren. Zuletzt den Puderzucker gründlich untermischen. Sollte die Masse nicht fest genug werden, weiteren Puderzucker unterrühren. Danach in einen Spritzbeutel mit großer Tülle füllen und dekorativ auf die Cupcakes verteilen oder mit einem flachen Messer verstreichen.

Ahornsirup-Cupcakes
mit Walnüssen

Für 12 Stück

80 g weiche Butter
60 g brauner Zucker
1 P. Vanillezucker
60 ml Ahornsirup
2 Eier
120 g Mehl
1 Tl Backpulver
1 Prise Salz
2 El Milch
50 g gehackte Walnusskerne
Papierförmchen für das Blech
12 Walnusshälften zum Garnieren

Für das Frosting

100 g Doppelrahmfrischkäse
50 g weiche Butter
250 g gesiebter Puderzucker
2 El Ahornsirup

Zubereitungszeit: ca. 20 Minuten
(plus Back- und Kühlzeit)
Pro Stück ca. 328 kcal/1371 kJ
4 g E, 16 g F, 40 g KH

1 Den Backofen auf 170 °C (150 °C Umluft) vorheizen. Ein Muffinblech mit Papierförmchen auslegen. Die Butter mit Zucker und Vanillezucker cremig rühren, dann den Ahornsirup untermischen und die Eier einzeln gründlich unterrühren. Mehl mit Backpulver und Salz mischen und abwechselnd mit der Milch unter die Butter-Ei-Masse rühren. Zuletzt die gehackten Walnusskerne unterheben. Den Teig auf die Förmchen verteilen und auf der mittleren Einschubleiste etwa 20 Minuten backen. Danach auf einem Kuchengitter auskühlen lassen.

2 In der Zwischenzeit für das Frosting den Frischkäse mit der Butter cremig rühren und mit dem Puderzucker zu einer geschmeidigen Masse vermengen. Zuletzt den Ahornsirup untermischen. Sollte das Frosting zu weich sein, weiteren Puderzucker bis zur gewünschten Konsistenz unterrühren. Die Masse in einen Spritzbeutel mit Lochtülle geben und die Cupcakes damit verzieren. Mit Walnusshälften garnieren.

Zwetschgen-Cupcakes
mit Streuseln

Für 12 Stück

150 g weiche Butter
175 g Zucker
1 P. Vanillezucker
2 Eier
150 g Mehl
1 Tl Backpulver
1/2 Tl Natron
1 Prise Salz
100 ml Buttermilch
6 halbierte und entkernte
Zwetschgen
Papierförmchen für das
Blech

Für die Streusel

100 g Mehl
80 g brauner Zucker
1 Tl Zimt
1 Prise Salz
70 g Butter

Für den Guss

100 g gesiebter Puderzucker
2 Tl Milch

Zubereitungszeit: ca. 20 Minuten
(plus Back- und Kühlzeit)
Pro Stück ca. 365 kcal/1529 kJ
5 g E, 20 g F, 39 g KH

1 Den Backofen auf 170 °C (150 °C Umluft) vorheizen. Ein Muffinblech mit den Papierförmchen auslegen. Die Butter mit Zucker und Vanillezucker cremig schlagen, dann die Eier einzeln gründlich unterrühren. Mehl mit Backpulver, Natron und Salz mischen und abwechselnd mit der Buttermilch unter die Butter-Ei-Masse rühren. Den Teig auf die Förmchen verteilen und jeweils eine halbe Zwetschge pro Förmchen in den Teig drücken.

2 Aus den Streuselzutaten einen krümeligen Mürbeteig kneten. Die Hälfte des Teigs auf die Zwetschgen drücken, die andere Hälfte locker darüberstreuen. Die Cupcakes auf der mittleren Einschubleiste etwa 20 Minuten backen. Danach auf einem Kuchengitter auskühlen lassen.

3 Puderzucker und Milch zu einem Zuckerguss mischen, etwas Milch dazugeben, falls der Guss zu fest wird. Mithilfe eines Teelöffels in schmalen Linien ein Zickzackmuster auf die Cupcakes träufeln.

Orangen-Quark-Cupcakes
mit Orangen-Frosting

Für 12 Stück

100 g weiche Butter
120 g Zucker
1 P. Vanillezucker
2 Eier
175 g Mehl
1 Tl Backpulver
100 g Magerquark
abgeriebene Schale und
Saft von 1/2 unbehandelten
Orange
75 g Orangenmarmelade
Butter und Mehl für das
Blech
Orangenzesten zum Garnieren

Für das Frosting

200 g Doppelrahmfrischkäse
200 g gesiebter Puderzucker
abgeriebene Schale und
Saft von 1/2 unbehandelten
Orange

Zubereitungszeit: ca. 30 Minuten
(plus Back- und Kühlzeit)
Pro Stück ca. 336 kcal/1405 kJ
7 g E, 14 g F, 42 g KH

1 Den Backofen auf 170 °C (150 °C Umluft) vorheizen. Ein Muffinblech einfetten und mit Mehl ausstäuben. Die Butter mit Zucker und Vanillezucker cremig schlagen, dann die Eier einzeln gründlich unterrühren. Das Mehl mit Backpulver mischen und abwechselnd mit dem Quark unter die Butter-Ei-Masse rühren. Zuletzt Orangenschale und -saft unterheben.

2 Den Teig auf die Mulden des Blechs verteilen und auf der mittleren Einschubleiste etwa 20 Minuten backen. Danach auf einem Kuchengitter auskühlen lassen. Die Cupcakes vorsichtig aus dem Blech lösen, halbieren und die unteren Hälften mit der Orangenmarmelade bestreichen. Anschließend wieder zusammensetzen.

3 Die Zutaten für das Frosting gründlich verrühren. Je nach Orangensaftmenge so lange Puderzucker hinzufügen, bis die gewünschte Konsistenz erreicht ist. Das Frosting mit einem flachen Messer auf den Cupcakes verstreichen. Mit Orangenzesten garnieren.

Vanille-Cupcakes
mit Schlagsahne

Für 12 Stück

125 g weiche Butter
120 g Zucker
1 Tl Vanillin (Vanillepulver)
2 Eier
150 g Mehl
1 Tl Backpulver
1 Prise Salz
120 ml Buttermilch
100 g Erdbeerkonfitüre
200 ml Sahne
2 P. Vanillezucker
1 P. Sahnesteif
Papierförmchen für das Blech
12 frische gewaschene Erdbeeren zum Garnieren

Zubereitungszeit: ca. 20 Minuten
(plus Back- und Kühlzeit)
Pro Stück ca. 273 kcal/1144 kJ
4 g E, 15 g F, 29 g KH

1 Den Backofen auf 170 °C (150 °C Umluft) vorheizen. Ein Muffinblech mit Papierförmchen auslegen. Die Butter mit Zucker und Vanillin cremig schlagen, dann die Eier einzeln gründlich unterrühren. Mehl mit Backpulver und Salz mischen und abwechselnd mit der Buttermilch unter die Butter-Ei-Masse rühren.

2 Die Hälfte des Teigs auf die Förmchen verteilen. Jeweils 1 Tl der Erdbeerkonfitüre auf den Teig geben, restlichen Teig darauf verteilen. Auf der mittleren Einschubleiste etwa 20 Minuten backen. Danach auf einem Kuchengitter auskühlen lassen.

3 In der Zwischenzeit die Sahne mit Vanillezucker und Sahnesteif sehr steif schlagen. Mit einem Löffel auf den abgekühlten Cupcakes verteilen, mit jeweils 1 ganzen Erdbeere garnieren und sofort servieren.

Fruchtige Muffins

Orangen-Muffins
mit Mandeln

Für 12 Stück

80 g Mandeln
250 g Mehl
50 g Orangeat
50 g Zitronat
2 1/2 Tl Backpulver
1/2 Tl Natron
1 Ei
125 g Zucker
80 ml Pflanzenöl
150 g saure Sahne
150 ml Orangensaft
1 Orange
Kakaopulver zum Bestäuben
50 g Orangenmarmelade
12 Mandeln zum Garnieren
Papierförmchen für das
Blech

Zubereitungszeit: ca. 15 Minuten
(plus Back- und Kühlzeit)
Pro Stück ca. 245 kcal/1026 kJ
3 g E, 12 g F, 28 g KH

1 Den Backofen auf 180 °C vorheizen. Die Papierförmchen in das Muffinblech setzen.

2 Die Mandeln grob mahlen. Mehl, Orangeat, Zitronat, Backpulver, Natron und gemahlene Mandeln mischen. Das Ei verquirlen, Zucker, Öl, saure Sahne und Orangensaft dazugeben und verrühren. Die Mehlmischung unterrühren.

3 Den Teig gleichmäßig auf die Papierförmchen verteilen und auf der mittleren Einschubleiste ca. 20–25 Minuten backen. Das Blech herausnehmen und die Muffins 5 Minuten ruhen lassen. Die Muffins herausnehmen und abkühlen lassen.

4 Die Orange schälen, in Spalten teilen und filetieren. Die ausgekühlten Muffins mit Kakao bestäuben und mit Marmelade, Orangenspalten und Mandeln garniert servieren.

Frucht-Muffins

mit Aprikosenkonfitüre

Für 12 Stück

100 g Mehl

50 g Speisestärke

1 Tl Backpulver

200 g weiche Butter

175 g Zucker

1 P. Vanillezucker

3 Eier

250 g Speisequark

1 P. Vanillesaucenpulver

Saft und Schale von
1/2 unbehandelten Zitrone

100 g Aprikosenkonfitüre

Kiwischeiben, Erdbeeren,
Mandarinen und Zitronen-
melisse zum Garnieren

Papierförmchen für das
Blech

Zubereitungszeit: ca. 20 Minuten
(plus Backzeit)
Pro Stück ca. 249 kcal/1043 kJ
4 g E, 14 g F, 27 g KH

1 Den Backofen auf 190 °C vorheizen. Die Papierförmchen in das Muffinblech setzen.

2 Das Mehl mit Speisestärke und Backpulver gut
mischen. 125 g Butter mit 100 g Zucker und dem
Vanillezucker schaumig rühren. 2 Eier einzeln hinzugeben. Mehlmischung zufügen und so lange rühren,
bis ein glatter Teig entstanden ist. Den Teig gleichmäßig auf die Papierförmchen verteilen.

3 Restliche Butter, restlichen Zucker und restliches Ei schaumig rühren. Den Quark, das
Saucenpulver, den Zitronensaft und die -schale hinzufügen, gut unterrühren und alles auf dem Teig
verteilen. Auf der mittleren Einschubleiste ca. 20–25
Minuten backen.

4 Die Konfitüre durch ein Sieb streichen, mit 1 El
Wasser aufkochen lassen und die Muffins damit
bestreichen. Mit Obst und Melisseblättchen garniert
servieren.

Erdbeer-Muffins
mit Zimt

Für 12 Stück
260 g Mehl
2 1/2 Tl Backpulver
1 Prise Zimt
1/2 Tl Natron
1 Prise Salz
200 g Erdbeeren
1 Ei
180 g Zucker
100 ml Öl
250 g Joghurt
Minze zum Garnieren
50 g Puderzucker
Papierförmchen für das
Blech

Zubereitungszeit: ca. 20 Minuten
(plus Back- und Kühlzeit)
Pro Stück ca. 238 kcal/996 kJ
4 g E, 10 g F, 33 g KH

1 Den Backofen auf 180 °C vorheizen. Die Papierförmchen in das Muffinblech setzen.

2 Mehl mit Backpulver, Zimt, Natron und Salz mischen.

3 Die Erdbeeren putzen, waschen, trocknen und einige für die Dekoration zur Seite legen. Die restlichen Erdbeeren grob hacken und mit der Mehlmischung vermengen. Das Ei verquirlen. Zucker, Öl und Joghurt unterrühren. Die Mehlmischung unterheben und alles kurz verrühren.

4 Den Teig in die Papierförmchen füllen und auf der mittleren Schiene ca. 20–25 Minuten backen.

5 Nach Ablauf der Backzeit die Muffins in der Form noch ca. 5 Minuten ruhen lassen. Eine Handvoll Minzeblätter fein hacken. Den Puderzucker mit etwas Wasser glatt rühren und die Minze hinzugeben. Die restlichen Erdbeeren in Scheiben schneiden. Die Muffins herausnehmen, abkühlen lassen und mit Minzglasur und Erdbeerscheiben garniert servieren.

Ananas-Muffins
mit Kokosraspeln

Für 12 Stück

150 g Ananas aus der Dose
3 El Rum
250 g Mehl
50 g Kokosraspel
2 Tl Backpulver
1/2 Tl Natron
1 Ei
125 g Zucker
80 ml Pflanzenöl
200 g Ananasjoghurt
Sahnetupfer, Schokostreusel und Zitronenmelisse zum Garnieren
Fett für das Blech

Zubereitungszeit: ca. 20 Minuten (plus Back- und Kühlzeit)
Pro Stück ca. 198 kcal/829 kJ
2 g E, 3 g F, 40 g KH

1 Den Backofen auf 180 °C vorheizen. Das Muffinblech einfetten und in den Kühlschrank stellen.

2 Ananas in ein Sieb abgießen. Anschließend klein schneiden und mit Rum beträufeln. Einige Stücke beiseitelegen.

3 Mehl, Kokosraspel, Backpulver und Natron mischen. Das Ei verquirlen. Zucker, Öl, Joghurt und Ananas unter das Ei rühren. Die Mehlmischung zugeben und so lange rühren, bis die trockenen Zutaten feucht sind.

4 Den Teig auf die Vertiefungen des Blechs verteilen und auf der mittleren Schiene 20 Minuten backen. Das Blech herausnehmen und Muffins noch 5 Minuten ruhen lassen. Die Muffins zum Auskühlen herausnehmen. Mit Sahnetupfern, Schokostreuseln, Ananaswürfeln und Zitronenmelissestreifen garnieren.

Orangen-Muffins
mit Nüssen

Für 12 Stück

280 g Mehl
3 Tl Backpulver
1/2 Tl Zimt
80 g gehackte Nüsse
1 Ei
150 g brauner Zucker
125 g weiche Butter
150 ml Orangenlimonade
100 ml Buttermilch
ca. 100 g Puderzucker
Orangenzesten von
1 unbehandelten Orange
Papierförmchen für das
Blech

Zubereitungszeit: ca. 20 Minuten
(plus Back- und Kühlzeit)
Pro Stück ca. 485 kcal/2031 kJ
9 g E, 31 g F, 43 g KH

1 Den Backofen auf 180 °C vorheizen. Die Papierförmchen in das Muffinblech setzen.

2 Mehl, Backpulver, Zimt und Nüsse mischen. Das Ei verquirlen und mit Zucker und Butter schaumig rühren. 130 ml Limonade und Buttermilch dazugeben und gut verrühren. Die Mehlmischung unterheben und rühren, bis die trockenen Zutaten feucht sind.

3 Den Teig gleichmäßig in die Vertiefungen des Muffinblechs füllen und auf der mittleren Einschubleiste ca. 20 Minuten backen. Die Muffins noch ca. 5 Minuten in der Form ruhen lassen. Anschließend herausheben und abkühlen lassen.

4 Puderzucker mit restlicher Limonade glatt rühren. Die Muffins mit Zuckerguss und Orangenzesten garnieren.

Himbeer-Muffins
mit Marzipan

Für 12 Stück

250 g frische Himbeeren
250 g Mehl
70 g gehackte Mandeln
2 1/2 Tl Backpulver
1/2 Tl Natron
1 Ei
140 g Zucker
80 ml Pflanzenöl
275 ml Buttermilch
150 g Marzipanrohmasse
Crème fraîche, Himbeeren und Puderzucker zum Garnieren
Fett für das Blech

Zubereitungszeit: ca. 20 Minuten
(plus Back- und Ruhezeit)
Pro Stück ca. 190 kcal/795 kJ
6 g E, 8 g F, 23 g KH

1 Den Backofen auf 180 °C vorheizen. Das Muffinblech einfetten und 10 Minuten in den Kühlschrank stellen.

2 Die Himbeeren waschen, verlesen und zum Trocknen auf Küchenkrepp legen.

3 Mehl, Mandeln, Backpulver und Natron mischen. Das Ei verrühren. Zucker, Öl, Buttermilch und Himbeeren zum Ei geben und vorsichtig unterrühren. Die Mehlmischung zur Eimischung geben und so lange rühren, bis die trockenen Zutaten feucht sind.

4 Die Hälfte des Teiges auf das Blech verteilen. Je 1 Tl Marzipanmasse daraufgeben und mit dem restlichen Teig auffüllen. Die restliche Marzipanmasse darauf verteilen. Die Muffins auf der mittleren Schiene 20 Minuten backen. Nach Ablauf der Backzeit 5 Minuten in der Form ruhen lassen. Herausnehmen, mit Crème fraîche, Himbeeren und Puderzucker garnieren. Noch warm servieren.

Mango-Muffins
mit Joghurt

Für 12 Stück

250 g Mangofruchtfleisch

250 g Mehl

2 Tl Backpulver

1/2 Tl Natron

1 Ei

125 g Zucker

1 P. Vanillezucker

80 ml Pflanzenöl

250 g Naturjoghurt

150 g Puderzucker, Schokoladenraspel, Mangostreifen und Minzblättchen zum Garnieren

Papierförmchen für das Blech

Zubereitungszeit: ca. 20 Minuten (plus Back- und Kühlzeit)
Pro Stück ca. 144 kcal/603 kJ
3 g E, 2 g F, 28 g KH

1 Backofen auf 180 °C (Umluft 160 °C) vorheizen. Die Papierförmchen in das Muffinblech setzen.

2 Die Mangos schälen, halbieren, entkernen und das Fruchtfleisch in Würfel schneiden. Das Mehl mit Backpulver und Natron vermengen.

3 Das Ei verquirlen. Zucker, Vanillezucker, Öl, Joghurt und Mangowürfel mit dem Ei zur Mehlmischung geben. Den Teig in die Förmchen füllen und glatt streichen.

4 Im Backofen auf der mittleren Einschubleiste ca. 30 Minuten backen. Anschließend die Muffins ca. 5 Minuten ruhen lassen, herausnehmen und abkühlen lassen.

5 Puderzucker mit etwas Wasser glatt rühren und den Guss auf den Muffins verteilen. Mit Schokoladenraspeln, Mangostreifen und Minzblättchen garnieren.

Preiselbeer-Muffins
mit Zuckerperlen

Für 12 Stück

250 g TK-Preiselbeeren
300 g Mehl
2 Tl Backpulver
1/2 Tl Natron
1/2 Tl Zimt
Schale von 1 unbehandelten Zitrone
1 Ei
140 g brauner Zucker
80 ml Öl
200 g Naturjoghurt
100 g Zartbitterkuvertüre
Zuckerperlen zum Garnieren
Papierförmchen für das Blech

Zubereitungszeit: ca. 20 Minuten
(plus Back- und Kühlzeit)
Pro Stück ca. 256 kcal/1072 kJ
4 g E, 11 g F, 35 g KH

1 Die Preiselbeeren antauen lassen. Den Backofen auf 180 °C vorheizen. Die Papierförmchen in das Muffinblech setzen.

2 Mehl, Backpulver, Natron, Zimt und Zitronenschale mischen.

3 Ei mit Zucker, Öl und Joghurt gut verrühren. Mehlmischung und Preiselbeeren zufügen und unterrühren.

4 Den Teig in die Papierförmchen füllen und alles auf der mittleren Einschubleiste ca. 25 Minuten backen. Muffins noch ca. 5 Minuten in der Form ruhen lassen, anschließend herausheben und abkühlen lassen.

5 Die Kuvertüre im Wasserbad schmelzen und in einen kleinen Spritzbeutel geben. Die Muffins mit Kuvertüre und Zuckerperlen garnieren.

Himbeer-Muffins
mit Mohn

Für 12 Stück

150 g TK-Himbeeren
250 g Mehl
2 Tl Backpulver
1/2 Tl Salz
150 g Zucker
125 g weiche Butter
2 Eier
125 ml Milch
150 g Frischkäse
50 g Mohn
250 ml Sahne
1 P. Vanillezucker
1 P. Sahnesteif
Schokoröllchen zum
Garnieren
Papierförmchen für das
Blech

Zubereitungszeit: ca. 20 Minuten
(plus Back- und Kühlzeit)
Pro Stück ca. 286 kcal/1197 kJ
6 g E, 16 g F, 29 g KH

1 Die Himbeeren auftauen und in einem Sieb abtropfen lassen.

2 Den Backofen auf 180 °C vorheizen. Die Papierförmchen in das Muffinblech einsetzen.

3 Mehl, Backpulver und Salz gut mischen. Zucker, Butter, Eier, Milch, Frischkäse und 30 g Mohn mit der Mehlmischung in die Küchenmaschine geben und zu einem glatten Teig verarbeiten.

4 Himbeeren vorsichtig unter den Teig heben. Anschließend den Teig in die Papierförmchen füllen und auf der mittleren Einschubleiste 25 Minuten backen. Herausnehmen und im Blech noch 10 Minuten ruhen lassen.

5 Die Sahne mit Vanillezucker und Sahnesteif steif schlagen. Die ausgekühlten Muffins mit Vanillesahne, Schokoröllchen und dem restlichen Mohn garniert servieren.

Aprikosen-Muffins
mit braunem Zucker

Für 12 Stück

240 g Aprikosen
aus der Dose
90 g Vollkornmehl
210 g Weizenmehl
2 Tl Backpulver
1/2 Tl Natron
2 Tl Zimt
1 Ei
140 g brauner Zucker
80 ml Öl
240 ml Buttermilch
45 g weißer Zucker
65 g weiche Butter
200 g Puderzucker für den
Guss
Fett für das Blech

Zubereitungszeit: ca. 15 Minuten
(plus Back- und Kühlzeit)
Pro Stück ca. 201 kcal/842 kJ
3 g E, 5 g F, 35 g KH

1 Den Backofen auf 180 °C vorheizen. Das Muffinblech einfetten.

2 Die Aprikosen in einem Sieb abtropfen lassen. Einige Hälften für die Dekoration zur Seite legen, Rest in kleine Stücke schneiden.

3 Das Vollkornmehl, 140 g Weizenmehl, Backpulver, Natron und 1 Tl Zimt mischen. Das Ei verquirlen, braunen Zucker, Öl, Buttermilch und Aprikosenstückchen dazugeben und vorsichtig unterrühren. Die Mehlmischung zufügen und rühren, bis alle Zutaten feucht sind.

4 Den Teig in das Blech füllen. Aus restlichem Mehl, restlichem Zimt, weißem Zucker und weicher Butter Streusel kneten und auf dem Teig verteilen. Auf der mittleren Einschubleiste 25 Minuten backen. Anschließend in der Form abkühlen lassen.

5 Aus Puderzucker und etwas Wasser einen Guss rühren. Die Muffins damit garnieren und mit Aprikosen bedecken.

Amarena-Muffins
mit Marzipan

Für 12 Stück

2 Eier
175 g Butter
100 g Puderzucker
150 g Mehl
50 g Zartbitterkuvertüre
50 g Marzipanrohmasse
50 g Amarenakirschen
40 g gemahlene Mandeln
30 g Speisestärke
125 ml Sahne
Kirschsirup und Amarena-
kirschen zum Garnieren
Butter für das Blech

Zubereitungszeit: ca. 25 Minuten
(plus Kühl-, Back- und Ruhezeit)
Pro Stück ca. 308 kcal/1291 kJ
4 g E, 21 g F, 26 g KH

1 Das Muffinblech einfetten. Die Eier trennen. 100 g Butter mit 80 g Puderzucker, 1 Eigelb und Mehl verkneten, ca. 2 Stunden kalt stellen.

2 Den Backofen auf 175 °C vorheizen. Den Teig ausrollen, 12 Kreise ausstechen und Muffin-förmchen damit ganz auslegen.

3 Kuvertüre schmelzen. Marzipan und Kirschen würfeln. Restliche Butter, Kuvertüre und restliches Eigelb schaumig rühren. Eiweiß steif schlagen, restlichen Puderzucker einrieseln lassen. Eischnee, Mandeln, Stärke, Marzipan und Kirschen unter die Kuvertüremasse heben.

4 Die Masse in die Vertiefungen des Muffinblechs füllen und auf der mittleren Einschubleiste ca. 25 Minuten backen. Die Muffins noch ca. 5 Minuten in der Form ruhen lassen, herausheben. Die Sahne steif schlagen und die abgekühlten Muffins mit Sahne, Sirup und Kirschen garnieren.

Brombeer-Muffins
mit Schokolade

Für 12 Stück

250 g Mehl
2 1/2 Tl Backpulver
1/2 Tl Natron
2 El Kakaopulver
1 Ei
120 g Zucker
80 ml Öl
350 g Joghurt
1 P. Vanillezucker
100 g Brombeeren
Butter für das Blech

Zubereitungszeit: ca. 15 Minuten
(plus Back- und Kühlzeit)
Pro Stück ca. 191 kcal/800 kJ
3 g E, 8 g F, 26 g KH

1 Den Backofen auf 180 °C vorheizen. Die Vertiefungen des Muffinblechs einfetten.

2 Mehl, Backpulver, Natron und Kakaopulver mischen. Das Ei verquirlen. Zucker, Öl, 250 g Joghurt und die Mehlmischung unterrühren, bis die trockenen Zutaten feucht sind.

3 Den Teig gleichmäßig in das Muffinblech füllen und auf der mittleren Schiene ca. 20–25 Minuten backen. Die Muffins ca. 5 Minuten ruhen lassen. Dann aus der Form nehmen und abkühlen lassen.

4 Den restlichen Joghurt mit Vanillezucker glatt rühren. Die Brombeeren putzen, waschen und trocknen. Die Muffins mit Joghurtcreme und Brombeeren garniert servieren.

Bananen-Muffins
mit Kokosraspeln

Für 12 Stück

75 g Butter
250 g Mehl
2 Tl Backpulver
1 Tl Natron
1/2 Tl Zimt
50 g Kokosraspel
2 Eier
100 g brauner Zucker
150 g Naturjoghurt
2 Bananen
Puderzucker zum Bestäuben
Butter für das Blech

Zubereitungszeit: ca. 15 Minuten
(plus Back- und Ruhezeit)
Pro Stück ca. 214 kcal/897 kJ
4 g E, 9 g F, 30 g KH

1 Den Backofen auf 190 °C vorheizen. Die Vertiefungen des Muffinblechs ausfetten. Die Butter zerlassen, etwas abkühlen lassen.

2 Mehl, Backpulver, Natron, Zimt und Kokosraspel bis auf 2 El mischen. Eier verquirlen, Zucker, Butter und Joghurt dazugeben und gut verrühren. Bananen schälen, mit einer Gabel zerdrücken und unterrühren.

3 Mehlmischung unterheben und rühren, bis alle Zutaten feucht sind. Teig gleichmäßig in die Vertiefungen des Muffinblechs füllen, mit restlichem Kokos bestreuen und auf der mittleren Einschubleiste ca. 25 Minuten backen. Die Muffins noch ca. 5 Minuten in der Form ruhen lassen. Herausheben und mit Puderzucker bestäubt servieren.

Blaubeer-Muffins
mit saurer Sahne

Für 12 Stück

200 g Mehl
60 g Haferflocken
1 Tl Backpulver
1/2 Tl Natron
2 Eier
180 g brauner Zucker
3 Tl Bourbon-Vanillezucker
150 g weiche Butter
300 g saure Sahne
200 g Blaubeeren
Puderzucker zum Garnieren
Papierförmchen für das
Blech

Zubereitungszeit: ca. 20 Minuten
(plus Back- und Ruhezeit)
Pro Stück ca. 261 kcal/1093 kJ
3 g E, 14 g F, 14 g KH

1 Den Backofen auf 180 °C vorheizen. Die Papierförmchen in das Muffinblech einsetzen.

2 Das Mehl mit Haferflocken, Backpulver und Natron gut mischen. Die Eier verquirlen, Zucker, Vanillezucker, Butter und saure Sahne hinzufügen und alles vermengen. Die Mehlmischung dazugeben und alles gut verrühren.

3 Die Blaubeeren waschen und trocknen. Vorsichtig unter den Teig heben. Den Teig in die Vertiefungen des Muffinblechs verteilen und auf der mittleren Einschubleiste 20–25 Minuten goldgelb ausbacken.

4 Die Muffins noch 5 Minuten im Blech ruhen lassen, herausnehmen und mit Puderzucker bestäubt warm servieren.

Pfirsich-Muffins
mit Mandeln

Für 12 Stück

250 g Pfirsiche aus der Dose
(Abtropfgewicht)
100 g Haferflocken
275 ml Buttermilch
150 g Mehl
50 g Mandelblätter
40 g Schokoladenraspel
2 1/2 Tl Backpulver
1 Prise Zimt
1/2 Tl Natron
1 Ei
125 g Zucker
80 ml Pflanzenöl
100 g weiße Kuvertüre und
Kakaopulver zum Garnieren
Papierförmchen für das
Blech

Zubereitungszeit: ca. 25 Minuten
(plus Back- und Ruhezeit)
Pro Stück ca. 165 kcal/691 kJ
4 g E, 2 g F, 33 g KH

1 Den Backofen auf 180 °C vorheizen. Die Papierförmchen in das Muffinblech einsetzen. Die Pfirsiche in ein Sieb geben und abtropfen lassen.

2 Die Haferflocken mit Buttermilch übergießen und quellen lassen. Pfirsiche in 12 schmale Spalten und den Rest in Würfel schneiden. Mehl, Mandeln, Schokoladenraspel, Backpulver, Zimt und Natron mischen. Das Ei verquirlen. Zucker, Öl, Haferflocken-Buttermilch-Gemisch und Pfirsichwürfel unter das Ei rühren. Die Mehlmischung kurz unterrühren.

3 Den Teig in die Förmchen füllen und auf der mittleren Einschubleiste ca. 20–25 Minuten backen, herausnehmen und im Blech 5 Minuten ruhen lassen.

4 Die Kuvertüre schmelzen und in einen Spritzbeutel füllen. Die Muffins mit den Pfirsichspalten belegen, mit Kakaopulver bestäuben und mit Kuvertüre garnieren.

Himbeer-Muffins
mit Walnüssen

Für 12 Stück

250 g TK-Himbeeren
300 g Mehl
2 Tl Backpulver
1/2 Tl Natron
1/2 Tl Zimt
Schale von 1 unbehandelten
Zitrone
1 Ei
140 g brauner Zucker
80 ml Öl
200 g Naturjoghurt
100 g Zartbitterkuvertüre
Walnüsse, Himbeeren und
Puderzucker zum Garnieren
Papierförmchen für das
Blech

Zubereitungszeit: ca. 20 Minuten
(plus Back- und Ruhezeit)
Pro Stück ca. 256 kcal/1072 kJ
4 g E, 11 g F, 35 g KH

1 Die Himbeeren antauen lassen. Den Backofen auf 180 °C vorheizen. Die Papierförmchen in das Muffinblech setzen.

2 Mehl, Backpulver, Natron, Zimt und Zitronenschale mischen.

3 Ei mit Zucker, Öl und Joghurt gut verrühren. Mehlmischung und Himbeeren zufügen und unterrühren.

4 Den Teig in die Papierförmchen füllen und alles auf der mittleren Einschubleiste ca. 25 Minuten backen. Muffins noch ca. 5 Minuten in der Form ruhen lassen, anschließend herausheben.

5 Die Kuvertüre im Wasserbad schmelzen und in einen kleinen Spritzbeutel geben. Die Muffins mit Kuvertüre, Walnüssen, Himbeeren und Puderzucker garnieren.

Feine Apfel-Muffins
mit Vanillezucker

Für 12 Stück

250 g Äpfel
2 El Zitronensaft
250 g Mehl
2 Tl Backpulver
1/2 Tl Natron
1 Ei
125 g Zucker
1 P. Vanillezucker
80 ml Pflanzenöl
250 g Naturjoghurt
Papierförmchen für das
Blech

Zubereitungszeit: ca. 30 Minuten
(plus Back- und Ruhezeit)
Pro Stück ca. 144 kcal/603 kJ
3 g E, 2 g F, 28 g KH

1 Backofen auf 180 °C (Umluft 160 °C) vorheizen. Die Papierförmchen in das Muffinblech setzen.

2 Die Äpfel waschen, schälen, halbieren, entkernen und das Fruchtfleisch in Würfel schneiden. Mit Zitronensaft beträufeln. Das Mehl mit Backpulver und Natron vermengen.

3 Das Ei verquirlen. Zucker, Vanillezucker, Öl, Joghurt und Apfelwürfel mit dem Ei zur Mehlmischung geben. Den Teig in die Förmchen füllen und glatt streichen.

4 Im Backofen auf der mittleren Einschubleiste ca. 30 Minuten backen. Anschließend die Muffins ca. 5 Minuten ruhen lassen, herausnehmen und abkühlen lassen.

Joghurt-Muffins
mit Blaubeeren

Für 12 Stück

80 g Blaubeeren
250 g Mehl
2 1/2 Tl Backpulver
1/2 Tl Natron
1 Prise Salz
1 El Limettenzesten
125 g Halbfettmargarine
1 Ei
65 g streufähiger Süßstoff
125 g fettarmer Blaubeerjoghurt
3 El ungesüßtes Apfelmus
1 1/2 Tl Vanillearoma
1/2 Tl Zimt
1 Tl Vanillepuddingpulver
fettarmer Blaubeerjoghurt, Blaubeeren und Limettenzesten zum Garnieren
Papierförmchen für das Blech

Zubereitungszeit: ca. 20 Minuten
(plus Back- und Ruhezeit)
Pro Stück ca. 170 kcal/712 kJ
2 g E, 4 g F, 14 g KH

1 Den Backofen auf 180 °C vorheizen. Die Vertiefungen des Muffinblechs mit den Papierförmchen auslegen.

2 Die Blaubeeren putzen, waschen und gut trocknen. Mehl, Blaubeeren, Backpulver, Natron, Salz und Limettenzesten mischen.

3 Die Margarine schmelzen lassen. Das Ei verquirlen und mit Margarine, Süßstoff, Joghurt, Apfelmus, Vanillearoma, Zimt und Puddingpulver verrühren. Die Mehlmischung unterheben und rühren, bis die trockenen Zutaten feucht sind.

4 Den Teig in die Vertiefungen des Muffinblechs füllen und auf der mittleren Einschubleiste ca. 25 Minuten backen.

5 Die Muffins ca. 5 Minuten ruhen lassen. Herausheben und mit Blaubeerjoghurt, Blaubeeren und Limettenzesten garniert servieren.

Schoko-Muffins

mit Sauerkirschen

Für 12 Stück

400 g Sauerkirschen (TK
oder aus dem Glas)

125 g Weizenvollkornmehl

2 Tl Backpulver

75 g Schokoladenflocken

125 g weiche Butter

110 g Zucker

1 Tl Zimt

3 Eier

2 El Kirschsaft

Puderzucker

Papierförmchen für das
Blech

Zubereitungszeit: ca. 25 Minuten
(plus Back- und Ruhezeit)
Pro Stück ca. 228 kcal/959 kJ
4 g E, 13 g F, 24 g KH

1 Die Kirschen antauen bzw. abtropfen lassen. Den Backofen auf 180 °C vorheizen. Die Papierförmchen in das Muffinblech setzen.

2 Mehl, Backpulver und Schokolade mischen. Die Butter mit Zucker und Zimt verrühren. Die Eier unterschlagen. Mehlmischung unterheben und rühren, bis alle Zutaten feucht sind. Kirschen unterheben. Kirschsaft unterrühren.

3 Den Teig in die Vertiefungen des Muffinblechs füllen. Anschließend alles auf der mittleren Einschubleiste ca. 25 Minuten backen.

4 Nach Ablauf der Backzeit die Muffins ca. 5 Minuten in der Form ruhen lassen. Herausheben und mit Puderzucker bestäuben.

Haferflocken-Muffins
mit Datteln

Für 12 Stück

70 g getrocknete Datteln
100 g Haferflocken
200 g Naturjoghurt
180 g Mehl
1 Tl Zimt
100 g gehackte Nüsse
2 1/2 Tl Backpulver
1/2 Tl Natron
1 Ei
120 g Honig
80 ml Öl
200 ml Sahne
2 P. Vanillezucker
1 El Kakaopulver
Fett für das Blech

Zubereitungszeit: ca. 20 Minuten
(plus Back- und Kühlzeit)
Pro Stück ca. 288 kcal/1204 kJ
6 g E, 15 g F, 32 g KH

1 Den Backofen auf 180 °C vorheizen. Das Muffinblech einfetten.

2 50 g getrocknete Datteln würfeln. Haferflocken und Joghurt mischen. Mehl, Zimt, Nüsse, Backpulver, Natron und gewürfelte Datteln mischen. Das Ei verquirlen, Haferflockenmischung, Honig, Öl und Mehlmischung unterheben.

3 Den Teig in die Form füllen und auf der mittleren Einschubleiste ca. 25 Minuten backen.

4 Sahne mit Vanillezucker und Kakaopulver steif schlagen. Die Muffins 5 Minuten ruhen lassen. Abgekühlt mit der Schokosahne und den restlichen Datteln garniert servieren.

Gefüllte Muffins

Schoko-Muffins
mit Erdbeercreme

Für 12 Stück
275 g Mehl
2 Tl Backpulver
1 Tl Natron
3 El Kakaopulver
1 Ei
130 g Zucker
80 ml Öl
300 ml Buttermilch
150 g Erdbeeren
200 ml Sahne
je 1 P. Vanillezucker und Sahnesteif
Puderzucker zum Garnieren
Fett für das Blech

Zubereitungszeit: ca. 15 Minuten
(plus Back- und Kühlzeit)
Pro Stück ca. 237 kcal/992 kJ
3 g E, 12 g F, 29 g KH

1 Den Backofen auf 180 °C vorheizen. Muffinblech einfetten.

2 Mehl, Backpulver, Natron und Kakaopulver mischen. Ei verquirlen, Zucker, Öl und Buttermilch zugeben. Mehlmischung zufügen und kurz unterrühren.

3 Teig in die Form füllen. Auf mittlerer Schiene 20 Minuten backen.

4 Erdbeeren waschen und trocknen. 6 Stück beiseitelegen, Rest pürieren. Sahne mit Vanillezucker und Sahnesteif steif schlagen und unter das Püree ziehen.

5 Muffins vollständig auskühlen lassen, halbieren und mit Erdbeercreme füllen. Zusammenklappen und mit halbierten Erdbeeren und Puderzucker garniert servieren.

Papaya-Muffins
mit Ingwer

Für 12 Stück

1 Papaya
150 g Frischkäse
1 1/2 El weißer Zucker
1/2 Tl Vanillearoma
120 g Vollkornmehl
140 g Mehl
1/2 Tl Backpulver
1/2 Tl Natron
1/2 Tl Zimt
1/2 Tl Ingwer
1/2 Tl Muskatnuss
60 g gehackte Haselnüsse
1 Ei
140 g brauner Zucker
80 ml Pflanzenöl
125 g Naturjoghurt
Puderzucker zum Garnieren
Fett für das Blech

Zubereitungszeit: ca. 20 Minuten
(plus Back- und Ruhezeit)
Pro Stück ca. 268 kcal/1122 kJ
5 g E, 15 g F, 28 g KH

1 Den Backofen auf 180 °C vorheizen. Das Muffinblech einfetten.

2 Die Papaya halbieren, entkernen, das Fruchtfleisch auslösen und würfeln. Einige Würfel für die Dekoration beiseitelegen, den Rest pürieren.

3 Den Frischkäse mit weißem Zucker und Vanillearoma schaumig rühren. Das Mehl mit Backpulver, Natron, Gewürzen und Nüssen mischen.

4 Das Ei verquirlen. Braunen Zucker, Öl, Joghurt und Papayapüree hinzufügen und alles gut mischen. Die Mehlmischung kurz unterrühren.

5 Die Hälfte des Teiges in das Muffinblech geben. Je 1 Tl der Frischkäsemasse daraufgeben und den restlichen Teig gleichmäßig darauf verteilen. Auf der mittleren Schiene 25 Minuten backen. Mit Papayawürfeln und Puderzucker garnieren.

Gefüllte Muffins
mit weißer Schokolade

Für 12 Stück
250 g Mehl
2 El Kakaopulver
2 1/2 Tl Backpulver
1/2 Tl Natron
1 Ei
130 g Zucker
1 P. Vanillezucker
80 ml Öl
250 g saure Sahne
75 ml starker Kaffee
150 g weiße Schokolade
Puderzucker zum Bestäuben
Fett für das Blech

Zubereitungszeit: ca. 20 Minuten
(plus Back- und Kühlzeit)
Pro Stück ca. 206 kcal/862 kJ
3 g E, 6 g F, 34 g KH

1 Den Backofen auf 180 °C vorheizen. Das Mehl mit dem Kakaopulver, dem Backpulver und dem Natron mischen.

2 Das Ei verquirlen und mit dem Zucker, dem Vanillezucker, dem Öl, der sauren Sahne und dem Kaffee verrühren.

3 Das Muffinblech einfetten. Die Mehlmischung unter die Eimasse geben und so lange rühren, bis die trockenen Zutaten feucht sind.

4 Die Vertiefungen im Muffinblech zu 1/3 mit dem Teig füllen. Die Schokolade in Stücke brechen und auf den Teig legen.

5 Den restlichen Teig darauf verteilen, glatt streichen und alles auf der mittleren Einschubleiste ca. 20–25 Minuten backen.

6 Die Muffins noch ca. 5 Minuten in der Form ruhen lassen. Herausnehmen, auskühlen lassen und mit Puderzucker bestäubt servieren.

Überraschungs-Muffins
mit Beeren

Für 12 Stück

200 g TK-Beerenmischung
100 g Frischkäse
3 P. Vanillezucker
2 El Milch
250 g Mehl
2 1/2 Tl Backpulver
1/2 Tl Natron
1 Ei
100 g Zucker
80 ml Pflanzenöl
200 g Naturjoghurt
250 ml Sahne
Schokostäbchen und Puder-
zucker zum Garnieren
Fett für das Blech

Zubereitungszeit: ca. 20 Minuten
(plus Back- und Ruhezeit)
Pro Stück ca. 150 kcal/628 kJ
2 g E, 10 g F, 14 g KH

1 Den Backofen auf 180°C vorheizen. Die Vertiefungen des Muffinblechs einfetten.

2 Die Beerenmischung leicht antauen lassen, 50 g für die Dekoration zur Seite legen.

3 Den Frischkäse mit 1 P. Vanillezucker und Milch cremig rühren und zur Seite stellen.

4 Mehl, Backpulver und Natron mischen. Das Ei verquirlen und mit Zucker, 1 P. Vanillezucker, Öl, Joghurt und 50 ml Sahne verrühren.

5 Die Mehlmischung nach und nach unter die feuchten Zutaten rühren, bis die trockenen Zutaten feucht sind.

6 Die Hälfte des Teiges auf die Förmchen verteilen. Je 1 El der Frischkäsecreme daraufgeben, in die Mitte einige Beeren setzen und mit dem restlichen Teig verschließen.

7 Auf der mittleren Einschubleiste 25 Minuten backen. Herausnehmen und 5 Minuten ruhen lassen.

8 Die restliche Sahne mit restlichem Vanillezucker steif schlagen. Die Muffins mit Sahnetupfern, Beeren und Schokostäbchen garnieren. Mit Puderzucker bestäubt servieren.

Apfel-Muffins
mit Buttermilch

Für 12 Stück

2 kleine Äpfel

210 g Zucker

2 Tl Zimt

280 g Mehl

1 1/2 Tl Natron

1 Prise Salz

100 g Butter

1 Ei

250 ml Buttermilch

1 P. Vanillezucker

Papierförmchen für das Blech

Zubereitungszeit: ca. 25 Minuten (plus Back- und Ruhezeit)
Pro Stück ca. 237 kcal/992 kJ
3 g E, 12 g F, 29 g KH

1 Die Äpfel schälen, das Kerngehäuse entfernen, die Äpfel klein schneiden. Mit 2 El Zucker und 1 Tl Zimt bestreuen.

2 Das Mehl, 150 g Zucker, Natron, Salz, weiche Butter, Ei, Buttermilch und Vanillezucker miteinander verrühren. Mit der Apfelmischung zu einem glatten Teig verarbeiten.

3 Den Backofen auf 200 °C (Umluft 180 °C) vorheizen. Das Muffinblech mit den Papierförmchen auskleiden.

4 Den Teig in die Förmchen füllen. Restlichen Zucker und Zimt darüberstreuen und die Muffins im Ofen etwa 18 Minuten backen.

5 Die Muffins aus dem Ofen holen und noch etwa 5 Minuten in der Form ruhen lassen. Herausnehmen und servieren.

Gewürz-Muffins
mit Schokolade

Für 12 Stück

250 g Mehl
2 Tl Kardamom
2 Tl Anis
2 1/2 Tl Backpulver
1/2 Tl Natron
1 Ei
130 g Zucker
80 ml Pflanzenöl
250 g Joghurt
75 ml kalter Kaffee
12 Stück Vollmilch-
schokolade
Schokoladenröllchen und
Puderzucker zum Garnieren
Papierförmchen für das
Blech

Zubereitungszeit: ca. 20 Minuten
(plus Back- und Ruhezeit)
Pro Stück ca. 243 kcal/1017 kJ
5 g E, 8 g F, 37 g KH

1 Den Backofen auf 180 °C vorheizen. Die Papierförmchen in das Muffinblech setzen.

2 Das Mehl mit Kardamom, Anis, Backpulver und Natron mischen.

3 Das Ei verquirlen. Zucker, Öl, Joghurt und Kaffee dazugeben und alles verrühren. Die Mehlmischung unterrühren, bis die trockenen Zutaten feucht sind.

4 Die Hälfte des Teiges in die Förmchen verteilen. Je 1 Stück Schokolade in die Mitte des Teiges geben. Mit restlichem Teig bedecken und auf der mittleren Einschubleiste 20–25 Minuten backen.

5 Die Muffins noch 5 Minuten im Blech ruhen lassen. Mit Schokoladenröllchen und Puderzucker garniert servieren.

Gefüllte Muffins
mit Mandelstiften

Für 12 Stück

60 ml Sahne
20 g Honig
110 g Zucker
150 g Mandelstifte oder
-blättchen
100 g Frischkäse
2 El Puderzucker
1 P. Vanillezucker
240 g Mehl
2 Tl Backpulver
1/2 Tl Natron
1 Ei
80 ml Pflanzenöl
260 ml Buttermilch
Papierförmchen für das
Blech

Zubereitungszeit: ca. 25 Minuten
(plus Back- und Ruhezeit)
Pro Stück ca. 262 kcal/1096 kJ
5 g E, 15 g F, 26 g KH

1 Den Backofen auf 180 °C vorheizen. Die Papierförmchen in das Muffinblech setzen.

2 Sahne, Honig und 20 g Zucker in einem kleinen Topf zum Kochen bringen. Die Masse 3 Minuten unter Rühren erhitzen. Mandelstifte unterrühren, zur Seite stellen.

3 Den Frischkäse mit Puderzucker und Vanillezucker glatt rühren, zur Seite stellen.

4 Mehl, Backpulver und Natron mischen. Das Ei verquirlen, Zucker, Öl und Buttermilch dazugeben und alles verrühren. Die Mehlmischung unterrühren, bis die trockenen Zutaten feucht sind.

5 Die Hälfte des Teiges in die Förmchen verteilen. Die Frischkäsemasse auf den Teig geben und mit dem restlichen Teig abdecken.

6 Muffins mit Honigmasse bestreichen und auf der mittleren Schiene 20 Minuten backen.

Frischkäse-Muffins
mit Naturjoghurt

Für 12 Stück

200 g Mehl
2 Tl Backpulver
1/2 Tl Natron
4 El Kakaopulver
1 Ei
150 g Zucker
80 ml Öl
ca. 200 g Naturjoghurt
150 g Frischkäse
1 El Zitronensaft
1 P. Vanillezucker
Puderzucker zum Glasieren
Butter für das Blech

Zubereitungszeit: ca. 25 Minuten
(plus Back- und Ruhezeit)
Pro Stück ca. 235 kcal/984 kJ
5 g E, 12 g F, 26 g KH

1 Den Backofen auf 180 °C vorheizen. Die Vertiefungen des Muffinblechs ausfetten.

2 Mehl, Backpulver, Natron und Kakao mischen. Das Ei verquirlen, Zucker, Öl und Joghurt dazugeben und gut verrühren. Die Mehlmischung unterheben und rühren, bis die trockenen Zutaten feucht sind.

3 Die Hälfte des Teiges in die Vertiefungen des Muffinblechs füllen. Frischkäse mit Zitronensaft und Vanillezucker verrühren und darauf verteilen. Mit restlichem Teig bedecken und auf der mittleren Einschubleiste ca. 25 Minuten backen.

4 Die Muffins noch ca. 5 Minuten in der Form ruhen lassen, herausheben. Puderzucker mit 1 El Wasser glatt rühren und die Muffins damit garnieren.

Muffin-Torte
mit Mandeln

Für 12 Stücke
100 g Mehl
100 g Speisestärke
60 g gemahlene Mandeln
2 Tl Backpulver
1/2 Tl Natron
1 Ei
125 g Zucker
160 g weiche Butter
120 g saure Sahne
150 ml Buttermilch
250 g Quark
2 Tl Orangenschale (ungespritzt)
2 El Orangensaft
2 El Zitronensaft
3 Blatt Gelatine
2 El Weißwein
40 g gehackte Mandeln
125 ml Sahne
Kakaopulver
Fett für die Form und das Blech

Zubereitungszeit: ca. 20 Minuten
(plus Back- und Kühlzeit)
Pro Stück ca. 275 kcal/1151 kJ
7 g E, 20 g F, 18 g KH

1 Den Backofen auf 180 °C vorheizen. Die Vertiefungen des Muffinblechs und eine Springform leicht einfetten. Mehl, Stärke, gemahlene Mandeln, Backpulver und Natron mischen.

2 Das Ei verquirlen. 100 g Zucker, Butter, saure Sahne und Buttermilch mit dem Ei glatt rühren. Die Mehlmischung unter die Eimasse heben.

3 Einen kleinen Teil des Teiges in die Springform streichen und den restlichen Teig auf die Muffinförmchen verteilen. Die Springform 10 Minuten und die Muffins 20 Minuten backen, danach 5 Minuten in den Formen ruhen lassen.

4 Den Quark mit dem restlichen Zucker, der Orangenschale und dem Saft der Zitrusfrüchte verrühren. Die Gelatine in kaltem Wasser 5 Minuten einweichen, ausdrücken. Den Wein erhitzen und die Gelatine darin auflösen. Die gehackten Mandeln und die Gelatine unter die Quarkmasse rühren.

5 Die Sahne steif schlagen und unter die Quarkmasse heben. Den Boden mit der Creme bestreichen und die Muffins daraufsetzen. Torte mit dem Rest der Creme verzieren und 1 1/2 Stunden kalt stellen. Mit Kakaopulver bestreut servieren.

Pflaumen-Muffins
mit Nüssen

Für 12 Stück

220 g Mehl
100 g gemahlene Nüsse
2 Tl Backpulver
100 g Butter
120 g brauner Zucker
1 P. Vanillezucker
2 Eier
150 g saure Sahne
1 1/2 El Pflaumenmus
ca. 150 g entsteinte Pflaumen
250 ml Sahne
Pflaumenspalten zum
Garnieren
Zimt zum Bestäuben
Butter für das Blech

Zubereitungszeit: ca. 20 Minuten
(plus Back- und Kühlzeit)
Pro Stück ca. 308 kcal/1290 kJ
6 g E, 20 g F, 27 g KH

1 Den Backofen auf 180 °C vorheizen. Die Vertiefungen des Muffinblechs ausfetten.

2 Mehl, Nüsse und Backpulver mischen. Die Butter mit Zucker und Vanillezucker schaumig schlagen. Die Eier, die saure Sahne und das Pflaumenmus gut unterrühren. Die Mehlmischung unterheben. Den Teig gleichmäßig in die Vertiefungen des Muffinblechs füllen und auf der mittleren Einschubleiste ca. 20 Minuten backen. Die Muffins noch ca. 5 Minuten in der Form ruhen lassen, anschließend herausheben.

3 Die Pflaumen in kleine Stücke schneiden. Die Sahne steif schlagen und die Pflaumenstückchen unterheben. Die abgekühlten Muffins halbieren und mit der Pflaumensahne füllen. Wie abgebildet garnieren und mit Zimt bestäuben.

Sommermuffins

mit Pfirsichen und Himbeeren

Für 12 Stück

300 g Mehl
1 P. Trockenhefe
1 Prise Salz
120 g Zucker
40 g weiche Butter
1 Eigelb
ca. 150 ml lauwarme Milch
250 g Himbeeren
(TK oder frisch)
1 unbehandelte Zitrone
250 ml Sahne
2 El Puderzucker
1 P. Sahnesteif
12 Pfirsichhälften
Sahnetupfer und Himbeeren
zum Garnieren
Fett für das Blech

Zubereitungszeit: ca. 20 Minuten
(plus Back- und Kühlzeit)
Pro Stück ca. 256 kcal/1072 kJ
4 g E, 11 g F, 35 g KH

1 Mehl, Hefe, Salz, 40 g Zucker, Butter und Eigelb mit der Milch einige Minuten zu einem glatten Teig kneten. Abgedeckt ca. 20 Minuten gehen lassen.

2 Die Himbeeren vorbereiten und mit dem restlichen Zucker unter Rühren dickflüssig kochen. Die Himbeersauce durch ein Sieb streichen und abkühlen lassen.

3 Den Backofen auf 200 °C vorheizen. Die Vertiefungen des Muffinblechs ausfetten.

4 Den Teig durchkneten, 12 Teigkugeln formen und in die Vertiefungen des Muffinblechs legen. Auf der mittleren Einschubleiste ca. 15–20 Minuten backen. Die Muffins noch ca. 5 Minuten in der Form ruhen lassen, anschließend herausheben.

5 Die Zitrone abwaschen, trocknen, die Schale abreiben und den Saft auspressen. Die Sahne mit Puderzucker, Sahnesteif und Zitronenschale steif schlagen, den Zitronensaft unterrühren. Die Pfirsichhälften in Spalten schneiden.

6 Die abgekühlten Muffins halbieren, mit Sahne, Pfirsichspalten und Himbeersauce füllen und mit je 1 Sahnetupfer und 1 Himbeere garniert servieren.

Muffins mit Schuss

Limoncello-Muffins
mit Blätterteig

Für 12 Stück

450 g TK-Blätterteig
150 g weiße Kuvertüre
175 g gemahlene Mandeln
1 Ei
1 P. Vanillezucker
abgeriebene Schale von
1 unbehandelten Zitrone
9 El Zitronenlikör
(z. B. Limoncello)
100 ml Sahne
Puderzucker und Zitronen-
zesten zum Garnieren
Papierförmchen für das
Blech

Zubereitungszeit: ca. 20 Minuten
(plus Back- und Kühlzeit)
Pro Stück ca. 339 kcal/1419 kJ
6 g E, 25 g F, 22 g KH

1. Den Backofen auf 190 °C vorheizen. Papierförmchen in das Muffinblech einsetzen.

2. Blätterteig antauen, ausrollen und 12 Kreise ausstechen. Teigkreise in die Papierförmchen legen, der Teigrand soll leicht überlappen. Teigboden einstechen.

3. Kuvertüre schmelzen, mit Mandeln, Ei, Vanillezucker, Zitronenschale und 5 El Likör verrühren.

4. Masse auf dem Teig verteilen und auf der mittleren Einschubleiste ca. 20 Minuten backen. Muffins noch ca. 5 Minuten in der Form ruhen lassen, mit einem Holzstäbchen mehrfach einstechen und mit restlichem Zitronenlikör beträufeln. Abkühlen lassen.

5. Sahne steif schlagen. Muffins herausheben, mit Sahne, Puderzucker und Zitronenzesten garnieren und servieren.

Caipirinha-Muffins
mit Limettensaft

Für 12 Stück

3 unbehandelte Limetten
260 g Mehl
2 Tl Backpulver
50 g Cornflakes
50 g weiße Schokoladen-
raspel
1 Ei
50 ml Zuckerrohrschnaps
1 P. Vanillezucker
150 g brauner Zucker
100 ml Pflanzenöl
300 g Naturjoghurt
ca. 150 g Puderzucker
grüne Lebensmittelfarbe
Cornflakes zum Garnieren
Butter für das Blech

Zubereitungszeit: ca. 25 Minuten
(plus Back- und Ruhezeit)
Pro Stück ca. 342 kcal/1432 kJ
4 g E, 12 g F, 50 g KH

1 Den Backofen auf 180 °C vorheizen. Die Vertiefungen des Muffinblechs ausfetten.

2 Die Limetten waschen, trocknen, Schale abreiben und Limetten auspressen. 2 El Saft beiseitestellen. Schale mit Mehl, Backpulver, Cornflakes und Schokoladenraspeln mischen.

3 Das Ei mit dem Saft, dem Schnaps und dem Vanillezucker verquirlen, Zucker, Öl und Joghurt unterrühren. Mehlmischung unterheben und rühren, bis die trockenen Zutaten feucht sind.

4 Den Teig gleichmäßig in die Vertiefungen des Muffinblechs füllen und auf der mittleren Einschubleiste ca. 20 Minuten backen. Die Muffins noch ca. 5 Minuten in der Form ruhen lassen, herausheben.

5 Den Puderzucker bis auf 2 El mit restlichem Limettensaft glatt rühren und kräftig grün färben. Muffins damit bestreichen, etwas antrocknen lassen, Cornflakes aufstreuen und mit restlichem Puderzucker bestäuben.

Kirschwasser-Muffins
mit Blätterteig

Für 12 Stück

100 g ganze Mandeln
450 g TK-Blätterteig
1 unbehandelte Orange
100 g Zucker
2 Eier
2 El Sahne
20 ml Kirschwasser
200 g gemahlene Mandeln
2 Tropfen Bittermandelöl
Puderzucker und
dunkle Schokoladenglasur
zum Garnieren
Mehl für die Arbeitsfläche
Papierförmchen für das
Blech

Zubereitungszeit: ca. 25 Minuten
(plus Back- und Ruhezeit)
Pro Stück ca. 364 kcal/1524 kJ
8 g E, 27 g F, 22 g KH

1 Den Backofen auf 200 °C vorheizen. Die Papierförmchen in das Muffinblech setzen. Ganze Mandeln mit kochendem Wasser überbrühen und häuten.

2 Den Blätterteig antauen lassen, auf einer bemehlten Arbeitsfläche dünn ausrollen und 12 Kreise ausstechen (14 cm Ø). Teigplätzchen in die Papierförmchen legen, der Teigrand soll leicht überlappen, den Teigboden mit einer Gabel einstechen.

3 Die Orange waschen, trocknen und die Schale abreiben. Zucker mit Eiern, Sahne und Kirschwasser schaumig schlagen. Gemahlene Mandeln, Orangenschale und Bittermandelöl unterheben.

4 Die Masse in die Förmchen füllen, je 3 Mandeln auflegen und auf der mittleren Einschubleiste 20–25 Minuten backen. Die Muffins noch ca. 5 Minuten in der Form ruhen lassen. Herausheben, dick mit Puderzucker bestäuben und mit Schokoladenglasur garniert servieren.

Rum-Muffins
mit Karamell

Für 12 Stück

150 g Vollmilchschokolade
100 g Butter
250 g Mehl
2 Tl Backpulver
1/2 Tl Natron
150 g Zucker
1 P. Vanillezucker
1 Prise Salz
2 Eier
100 ml starker Kaffee
4 El Rum
200 ml Sahne
50 ml Karamellsauce (FP)
Karamellgitter zum
Garnieren
Papierförmchen für das
Blech

Zubereitungszeit: ca. 25 Minuten
(plus Back- und Ruhezeit)
Pro Stück ca. 316 kcal/1323 kJ
5 g E, 15 g F, 40 g KH

1 Die Schokolade in Stücke brechen und mit der Butter im Wasserbad schmelzen lassen.

2 Den Backofen auf 180 °C vorheizen. Papierförmchen in das Muffinblech setzen.

3 Das Mehl mit Backpulver, Natron, geschmolzener Schokolade, Zucker, Vanillezucker und Salz zügig verrühren.

4 Die Eier verquirlen. Den Kaffee und den Rum unterrühren. Die Mehlmischung dazugeben und alles gut vermengen.

5 Den Teig gleichmäßig in die Vertiefungen des Muffinblechs füllen und auf der mittleren Einschubleiste ca. 22–25 Minuten backen.

6 Die Muffins noch ca. 5 Minuten in dem Blech ruhen lassen. Die Sahne aufschlagen, vorsichtig die Karamellsauce unterrühren und auf die Muffins geben. Mit den Karamellgittern garniert servieren.

Kirsch-Muffins
mit Schokostreuseln

Für 12 Stück

250 g Mehl

3 Tl Backpulver

125 g Butter

120 g Zucker

2 Eier

200 g Vollmilchjoghurt

250 g Schattenmorellen

50 g Schokoraspel

5 El Kirschwasser

Sahne, Cocktailkirschen
und Schokostreusel zum
Garnieren

Papierförmchen für das
Blech

Zubereitungszeit: ca. 25 Minuten
(plus Back- und Ruhezeit)
Pro Stück ca. 250 kcal/1047 kJ
3 g E, 13 g F, 31 g KH

1 Den Backofen auf 180 °C vorheizen. Die Papierförmchen in das Muffinblech einsetzen.

2 Das Mehl mit dem Backpulver mischen. Die Butter mit dem Zucker schaumig rühren. Abwechselnd Eier und Joghurt unterrühren. Die Mehlmischung zugeben und so lange rühren, bis die trockenen Zutaten feucht sind.

3 Die entsteinten Schattenmorellen und die Schokoraspel unterziehen.

4 Den Teig gleichmäßig auf die Förmchen verteilen und auf der mittleren Schiene etwa 20–25 Minuten backen. Herausnehmen und im Blech noch ca. 5 Minuten ruhen lassen.

5 Die noch warmen Muffins mit dem Kirschwasser beträufeln. Mit Sahne, Cocktailkirschen und Schokostreuseln garniert servieren.

Piña-Colada-Muffins
mit Ananas

Für 12 Stück
90 g Vollkornmehl
100 g Weizenmehl Type 405
1 Tl Backpulver
1/2 Tl Natron
50 g Kokosflocken
300 g Ananas aus der Dose
1 Ei
120 g brauner Zucker
80 ml Sonnenblumenöl
250 g Naturjoghurt
2 El Rum
Kokosraspel zum Garnieren
Papierförmchen für das
Blech

Zubereitungszeit: ca. 20 Minuten
(plus Back- und Ruhezeit)
Pro Stück ca. 143 kcal/597 kJ
3 g E, 2 g F, 29 g KH

1 Den Backofen auf 180 °C vorheizen. Die Papierförmchen in das Muffinblech setzen. Mehl, Backpulver, Natron und Kokosflocken gut mischen.

2 Die Ananas in ein Sieb gießen, abtropfen lassen, 250 g in kleine Würfel und 50 g in 12 gleich große Stücke schneiden. Das Ei aufschlagen und verquirlen. Den Zucker, das Öl, den Joghurt, den Rum und 250 g Ananaswürfel hinzufügen. Die Mehlmischung zugeben und so lange rühren, bis die trockenen Zutaten feucht sind.

3 Den Teig gleichmäßig in die Papierförmchen verteilen und auf der mittleren Einschubleiste 20–25 Minuten backen. Herausnehmen und im Blech 5 Minuten ruhen lassen.

4 Die Muffins mit beiseite gelegten Ananasstücken und Kokosraspeln garniert servieren.

Amarettini-Muffins
mit Marzipan

Für 12 Stück
80 g Amarettinikekse
50 g Marzipanrohmasse
190 g Mehl
1 1/2 Tl Backpulver
1/2 Tl Natron
1 Ei
40 g Zucker
60 ml Pflanzenöl
180 ml Amaretto
120 ml Buttermilch
dunkle Kuvertüre zum Garnieren
Fett für das Blech

Zubereitungszeit: ca. 25 Minuten
(plus Back- und Ruhezeit)
Pro Stück ca. 213 kcal/892 kJ
3 g E, 8 g F, 32 g KH

1 Den Backofen auf 180 °C vorheizen. Das Muffinblech einfetten.

2 Die Kekse, bis auf 24 Stück, in einen Gefrierbeutel geben, mit einer Kuchenrolle darüberrollen und zerbröseln.

3 Das Marzipan in Stücke schneiden. Mehl, 40 g Keksbrösel, Backpulver und Natron mischen.

4 Das Ei verrühren, Zucker, Öl, 80 ml Amaretto und Buttermilch dazugeben und unterrühren. Die Mehlmischung zufügen und rühren, bis alle Zutaten feucht sind. Die Marzipanstücke unterziehen.

5 Den Teig in die Vertiefungen des Muffinblechs verteilen. Auf der mittleren Einschubleiste 20 Minuten backen, herausnehmen und 5 Minuten in der Form ruhen lassen.

6 Die Muffins mit je 1 Teelöffel Amaretto beträufeln.

7 Kuvertüre im Wasserbad schmelzen, in einen Spritzbeutel geben und ein Muster auf die Muffins spritzen. Mit jeweils 2 Amarettini und den restlichen Keksbröseln garniert servieren.

Knuspermuffins
mit Keksriegeln

Für 12 Stück

350 g Keksriegel
250 g Mehl
2 1/2 Tl Backpulver
1/2 Tl Natron
1 Ei
125 g Zucker
1 P. Vanillezucker
80 ml Pflanzenöl
300 g Buttermilch
2 El Crème de Coco
Kokosraspel zum Garnieren
Papierförmchen für das
Blech

Zubereitungszeit: ca. 20 Minuten
(plus Back- und Ruhezeit)
Pro Stück ca. 295 kcal/1235 kJ
4 g E, 12 g F, 43 g KH

1 Den Backofen auf 180 °C vorheizen. Die Papierförmchen in das Muffinblech setzen.

2 Die Keksriegel in Stücke schneiden. Das Mehl mit dem Backpulver und dem Natron mischen. Das Ei verrühren, den Zucker, den Vanillezucker, das Öl und die Buttermilch mit der Crème de Coco dazugeben und vorsichtig unterrühren. Die Mehlmischung zufügen und so lange rühren, bis die trockenen Zutaten feucht sind. Die Keksstücke, bis auf einen kleinen Teil, unter den Teig ziehen.

3 Den Teig in die Vertiefungen des Muffinblechs geben. Auf der mittleren Einschubleiste ca. 20 Minuten backen. Anschließend herausnehmen und weitere 5 Minuten in der Form ruhen lassen. Die Muffins mit Keksriegelstücken und Kokosraspeln garnieren.

Amaretto-Muffins
mit Schokobohnen

Für 12 Stück

1 Vanilleschote
85 g Zartbitterschokolade
150 g Butter
160 g Mehl
1 Tl Backpulver
160 g Zucker
1 Prise Salz
5 Eier
8 El Amaretto
250 g Puderzucker
12 Schokobohnen
Butter für das Blech

Zubereitungszeit: ca. 20 Minuten
(plus Back- und Ruhezeit)
Pro Stück ca. 303 kcal/1270 kJ
6 g E, 18 g F, 31 g KH

1 Den Backofen auf 180 °C vorheizen. Das Muffin-blech einfetten. Das Mark aus der Vanilleschote kratzen.

2 Die Schokolade in Stücke brechen und mit der Butter im Wasserbad schmelzen und verrühren. Das Mehl mit Backpulver mischen.

3 Den Zucker mit Salz, Eiern und Vanillemark cre-mig schlagen. Mehlmischung unterheben und rühren, bis alle Zutaten feucht sind. Schokoladen-butter unterrühren.

4 Den Teig gleichmäßig in die Vertiefungen des Muffinblechs füllen und auf der mittleren Ein-schubleiste ca. 20 Minuten backen. Die Muffins noch ca. 5 Minuten in der Form ruhen lassen, dann he-rausheben.

5 Muffins noch heiß mit 3 El Amaretto beträufeln. Aus dem restlichen Amaretto mit dem Puder-zucker einen Guss herstellen. Die Muffins damit überziehen und auf jeden Muffin 1 Schokobohne setzen.

Rum-Cola-Muffins
mit Nüssen

Für 12 Stück

280 g Mehl

3 Tl Backpulver

1/2 Tl Zimt

80 g gehackte Nüsse

1 Ei

150 g brauner Zucker

125 g weiche Butter

30 ml Rum

120 ml Coca-Cola

100 ml Buttermilch

ca. 50 g Puderzucker und
150 g Kakaopulver

12 Cola-Fläschchen zum
Garnieren

Papierförmchen für das
Blech

Zubereitungszeit: ca. 25 Minuten
(plus Back- und Ruhezeit)
Pro Stück ca. 485 kcal/2031 kJ
9 g E, 31 g F, 43 g KH

1 Den Backofen auf 180 °C vorheizen. Die Papierförmchen in das Muffinblech setzen.

2 Mehl, Backpulver, Zimt und Nüsse mischen. Das Ei verquirlen und mit Zucker und Butter schaumig rühren. 20 ml Rum, Coca-Cola und Buttermilch dazugeben und gut verrühren. Die Mehlmischung unterheben und rühren, bis die trockenen Zutaten feucht sind.

3 Den Teig gleichmäßig in die Vertiefungen des Muffinblechs füllen und auf der mittleren Einschubleiste ca. 20 Minuten backen. Die Muffins noch ca. 5 Minuten in der Form ruhen lassen. Anschließend herausheben.

4 Puderzucker mit restlichem Rum und Kakao glatt rühren. Die Muffins mit Zuckerguss und Cola-Fläschchen garnieren.

Muffins mit Zabaione
und Beeren

Für 12 Stück

150 g Vollkornmehl
140 g Weizenmehl
2 Tl Backpulver
1/2 Tl Natron
1 Ei
170 g Zucker
80 ml Pflanzenöl
250 g Naturjoghurt
200 g Erdbeeren
200 g Himbeeren
6 Eigelb
4 El Weißwein
250 ml Sahne
2 El Aprikosenlikör
1 Tl Zimt
Butter für das Blech

Zubereitungszeit: ca. 20 Minuten
(plus Back- und Ruhezeit)
Pro Stück ca. 302 kcal/1264 kJ
5 g E, 17 g F, 31 g KH

1 Den Backofen auf 180 °C vorheizen. Das Muffinblech mit Butter einfetten.

2 Das Mehl mit Backpulver und Natron mischen. Das Ei verquirlen, 140 g Zucker, das Öl und den Joghurt dazugeben und vorsichtig unterrühren. Die Mehlmischung zufügen und so lange rühren, bis die trockenen Zutaten feucht sind.

3 Den Teig auf die Vertiefungen des Muffinblechs verteilen. Auf der mittleren Einschubleiste 25 Minuten backen, herausnehmen und die Muffins weitere 5 Minuten in der Form ruhen lassen. Dann herausnehmen.

4 Die Beeren putzen, waschen und klein schneiden. Die Eigelbe mit Wein, Sahne, Aprikosenlikör, Zimt und restlichem Zucker verrühren. Die Masse bei mittlerer Hitze im Wasserbad schlagen, bis eine dickliche Creme entsteht. Die Zabaione mit Erdbeer- und Himbeerstückchen vermischen und zu den Muffins servieren.

Christbirnen-Muffins
mit Birnengeist

Für 12 Stück

250 g Birnen aus der Dose)
100 g Haferflocken
275 ml Buttermilch
150 g Mehl
50 g Mandelblättchen
2 1/2 Tl Backpulver
1/2 Tl Natron
1 Ei
125 g Zucker
80 ml Pflanzenöl
4 El Birnengeist
Kuvertüre zum Garnieren
Butter für das Blech

Zubereitungszeit: ca. 25 Minuten
(plus Back- und Ruhezeit)
Pro Stück ca. 251 kcal/1054 kJ
5 g E, 11 g F, 32 g KH

1 Den Backofen auf 180 °C vorheizen. Muffinblech einfetten und in den Kühlschrank stellen. Die Birnen in ein Sieb geben und abtropfen lassen.

2 Die Haferflocken mit Buttermilch übergießen und quellen lassen. Birnen in 12 schmale Spalten schneiden, Rest in Würfel. Mehl, Mandeln, Backpulver und Natron mischen.

3 Das Ei verquirlen. Zucker, Öl, Haferflocken-Buttermilch-Gemisch und Birnenwürfel unter das Ei rühren. Die Mehlmischung kurz unterrühren.

4 Den Teig in das Muffinblech füllen und auf der mittleren Einschubleiste ca. 20–25 Minuten backen, herausnehmen und im Blech 5 Minuten ruhen lassen.

5 Muffins mit Birnengeist beträufeln. Kuvertüre schmelzen und in einen Spritzbeutel füllen. Die Muffins mit den Birnenspalten belegen und mit Kuvertüre garnieren.

Likör-Muffins
mit Raspelschokolade

Für 12 Stück

250 g Mehl
50 g Raspelschokolade
50 g gehackte Nüsse
2 1/2 Tl Backpulver
1/2 Tl Natron
1 Ei
100 g Zucker
80 ml Öl
150 ml Eierlikör
200 g Joghurt
200 ml Sahne
2 El Puderzucker
2 Tl Kakaopulver zum
Bestäuben
Fett für das Blech

Zubereitungszeit: ca. 20 Minuten
(plus Back- und Ruhezeit)
Pro Stück ca. 304 kcal/1272 kJ
3 g E, 11 g F, 28 g KH

1 Den Backofen auf 200 °C vorheizen. Mehl, Schokolade, Nüsse, Backpulver und Natron in eine Schüssel geben und mischen.

2 Das Ei verquirlen und mit Zucker, Öl, 100 ml Eierlikör und Joghurt verrühren. Die Vertiefungen des Muffinblechs einfetten.

3 Die Mehlmischung unter die Eimischung heben und so lange rühren, bis die trockenen Zutaten feucht sind.

4 Den Teig in die Vertiefungen füllen und auf der mittleren Einschubleiste ca. 20–25 Minuten backen. Die Muffins im Backblech noch ca. 5 Minuten ruhen lassen, dann herausnehmen.

5 Die Sahne mit dem Puderzucker und 1 El Kakaopulver steif schlagen. Die Muffins mit dem restlichen Eierlikör beträufeln. Mit Sahnetupfern garnieren und mit restlichem Kakaopulver bestäuben.

Nussnougat-Muffins
mit Kirschen

Für 12 Stück

400 g Sauerkirschen (TK
oder aus dem Glas)

125 g Weizenvollkornmehl

2 Tl Backpulver

75 g Schokoladenflocken

125 g weiche Butter

110 g Zucker

1 Tl Zimt

3 Eier

2 El Kirschwasser

Nussnougatcreme (FP),
Cocktailkirschen und
geröstete Mandel-
splitter zum Garnieren

Papierförmchen für das
Blech

Zubereitungszeit: ca. 25 Minuten
(plus Back- und Ruhezeit)
Pro Stück ca. 228 kcal/955 kJ
4 g E, 12 g F, 24 g KH

1 Die Kirschen antauen bzw. abtropfen lassen. Den Backofen auf 180 °C vorheizen. Die Papierförmchen in das Muffinblech setzen.

2 Mehl, Backpulver und Schokolade mischen. Die Butter mit Zucker und Zimt verrühren. Die Eier unterschlagen. Mehlmischung unterheben und rühren, bis alle Zutaten feucht sind. Kirschen unterheben. Kirschwasser unterrühren.

3 Den Teig in die Vertiefungen des Muffinblechs füllen. Anschließend alles auf der mittleren Einschubleiste ca. 25 Minuten backen.

4 Nach Ablauf der Backzeit die Muffins ca. 5 Minuten in der Form ruhen lassen.

5 Die abgekühlten Muffins dekorativ mit Nussnougatcreme und Cocktailkirschen belegen und mit den Mandelsplittern bestreuen.

Mandel-Muffins
mit Orangensauce

Für 12 Stück

300 g Butter
330 g Zucker
4 Eier
1 Vanilleschote
100 g Mehl
200 g gemahlene Mandeln
60 ml Espresso
325 ml Orangensaft
1 Orange
90 g Speisestärke
2 cl Cointreau
Butter für die Förmchen

Zubereitungszeit: ca. 35 Minuten
(plus Backzeit)
Pro Stück ca. 420 kcal/1760 kJ
3 g E, 13 g F, 31 g KH

1 Backofen auf 175 °C (Umluft 155 °C) vorheizen. Butter mit 200 g Zucker und den Eiern schaumig rühren. Das Mark aus der Vanilleschote kratzen, mit dem Mehl und den Mandeln unterheben. Alles zu einem glatten Teig rühren. 12 Muffinförmchen ausbuttern, den Teig einfüllen und auf der mittleren Einschubleiste etwa 20 Minuten backen. Die Muffins aus den Formen lösen.

2 Espresso, 100 g Zucker und 75 ml Orangensaft miteinander aufkochen und 3 Minuten köcheln lassen. Die Muffins mit dem heißen Sirup tränken.

3 Die Orange bis auf das Fruchtfleisch abschälen und filetieren. 250 ml Orangensaft mit 30 g Zucker aufkochen. Speisestärke und Cointreau vermischen, in die heiße Flüssigkeit rühren und ca. 30 Sekunden köcheln lassen. Die Orangenfilets zugeben und alles auf Handwärme abkühlen lassen. Das Kompott zu den Muffins servieren.

Kokos-Muffins
mit Rum

Für 12 Stück

5 Kiwis
200 g Mehl
50 g Kokosraspel
2 1/2 Tl Backpulver
1/2 Tl Natron
1 Ei
125 g Zucker
80 ml Sonnenblumenöl
250 g saure Sahne
2 El Rum
24 Raffaello, Mokkapudding (FP) und Kakaopulver zum Garnieren
Butter für das Blech

Zubereitungszeit: ca. 25 Minuten (plus Back- und Ruhezeit)
Pro Stück ca. 287 kcal/1202 kJ
3 g E, 14 g F, 37 g KH

1 Den Backofen auf 180 °C vorheizen. Muffinblech einfetten und in den Kühlschrank stellen.

2 Die Kiwis schälen und in kleine Würfel schneiden. Das Mehl, die Kokosraspel, das Backpulver und das Natron mischen.

3 Das Ei verquirlen. Den Zucker, das Öl, die saure Sahne und den Rum unter das Ei rühren.

4 Die Mehlmischung zugeben und nur so lange rühren, bis die trockenen Anteile feucht sind.

5 Kiwiwürfel vorsichtig unterheben. Die Hälfte des Teiges in das Blech füllen, je 1 Raffaello daraufgeben und mit dem restlichem Teig bedecken.

6 Auf mittlerer Schiene 20 Minuten backen, herausnehmen und noch 5 Minuten in der Form ruhen lassen.

7 Mit Mokkapudding, Raffaello und Kakaopulver garnieren.

Luftige Nuss-Muffins

mit Kokosraspeln

Für 12 Stück

200 g Mehl

75 g Kokosraspel

75 g gemahlene Nüsse

2 1/2 Tl Backpulver

1/2 Tl Natron

2 Eier

125 g Zucker

80 ml Öl

250 g saure Sahne

2 El Rum

Sahnetupfer, Cashewkerne
und brauner Zucker
zum Garnieren

Butter für das Blech

Zubereitungszeit: ca. 20 Minuten
(plus Back- und Kühlzeit)
Pro Stück ca. 273 kcal/1143 kJ
3 g E, 7 g F, 9 g KH

1 Den Backofen auf 180 °C vorheizen. Muffinblech einfetten.

2 Mehl, Kokosraspel, gemahlene Nüsse, Backpulver und Natron mischen.

3 Eier verquirlen. Zucker, Öl, saure Sahne, Rum und Mehlmischung unterheben. Rühren, bis die trockenen Zutaten feucht sind.

4 Den Teig in das Blech füllen. Auf der mittleren Einschubleiste 25 Minuten backen. Die abgekühlten Muffins mit Sahnetupfen, Cashewkernen und braunem Zucker garniert servieren.

184

Kaffee-Muffins
mit Kahlúa

Für 12 Stück

250 g Mehl
2 El Kaffeepulver
2 1/2 Tl Backpulver
1/2 Tl Natron
1 Ei
100 g Zucker
125 g weiche Butter
100 g saure Sahne
110 ml Kahlúa
100 ml Milch
150 g Frischkäse
3 El Puderzucker
Mokkabohnen und Kaffeepulver zum Garnieren
Papierförmchen für das Blech

Zubereitungszeit: ca. 20 Minuten
(plus Back- und Ruhezeit)
Pro Stück ca. 260 kcal/1089 kJ
4 g E, 6 g F, 27 g KH

1 Den Backofen auf 180 °C vorheizen. Die Papierförmchen in das Muffinblech setzen.

2 Das Mehl mit Backpulver, Kaffeepulver und Natron gut mischen.

3 Das Ei verquirlen. Zucker, Butter, saure Sahne, 50 ml Kahlúa und Milch vorsichtig unter das Ei rühren. Die Mehlmischung nach und nach zufügen und nur so lange rühren, bis die trockenen Zutaten feucht sind.

4 Den Teig in die Papierförmchen geben. Auf der mittleren Einschubleiste 25 Minuten backen, herausnehmen und noch 5 Minuten in der Form ruhen lassen.

5 Frischkäse, restlichen Kahlúa und Puderzucker glatt rühren, die Muffins damit bestreichen und mit den Mokkabohnen und Kaffeepulver garniert servieren.

Schoko-Mango-Muffins
mit weißer Schokolade

Für 12 Stück

125 g Weizenvollkornmehl

2 Tl Backpulver

75 g weiße Schokoraspel

125 g weiche Butter

110 g Zucker

1 Tl Zimt

3 Eier

400 g Mangowürfel

2 El Kirschwasser

Vanillecreme (FP), Mango-
streifen, Schokoladenraspel
und Minze zum Garnieren
Papierförmchen für das
Blech

Zubereitungszeit: ca. 25 Minuten
(plus Back- und Ruhezeit)
Pro Stück ca. 228 kcal/956 kJ
4 g E, 13 g F, 24 g KH

1 Den Backofen auf 180 °C vorheizen. Die Papierförmchen in das Muffinblech setzen.

2 Mehl, Backpulver und Schokolade mischen. Die
Butter mit Zucker und Zimt verrühren. Die Eier
unterschlagen. Mehlmischung unterheben und rühren, bis alle Zutaten feucht sind. Mangowürfel unterheben. Kirschwasser unterrühren.

3 Den Teig in die Vertiefungen des Muffinblechs
füllen. Anschließend alles auf der mittleren Einschubleiste ca. 25 Minuten backen.

4 Nach Ablauf der Backzeit die Muffins ca. 5 Minuten in der Form ruhen lassen.

5 Vanillecreme auf den Muffins verteilen und diese mit Mangostreifen, Schokoraspeln und Minzblättchen garnieren.

Tiramisu-Muffins
mit Kirschwasser

Für 12 Stück

400 g Sauerkirschen
(TK oder aus dem Glas)
125 g Weizenvollkornmehl
2 Tl Backpulver
75 g Schokoladenflocken
125 g weiche Butter
110 g Zucker
1 Tl Zimt
3 Eier
2 El Kirschwasser
100 ml Sahne
100 g Mascarpone
Espressopulver
Papierförmchen für das
Blech

Zubereitungszeit: ca. 25 Minuten
(plus Back- und Ruhezeit)
Pro Stück ca. 228 kcal/956 kJ
4 g E, 13 g F, 24 g KH

1 Die Kirschen antauen bzw. abtropfen lassen. Den Backofen auf 180 °C vorheizen. Die Papierförmchen in das Muffinblech setzen.

2 Mehl, Backpulver und Schokolade mischen. Die Butter mit Zucker und Zimt verrühren. Die Eier unterschlagen. Mehlmischung unterheben und rühren, bis alle Zutaten feucht sind. Kirschen unterheben. Kirschwasser unterrühren.

3 Den Teig in die Vertiefungen des Muffinblechs füllen. Anschließend alles auf der mittleren Einschubleiste ca. 25 Minuten backen.

4 Nach Ablauf der Backzeit die Muffins ca. 5 Minuten in der Form ruhen lassen.

5 Die Sahne steif schlagen und mit dem Mascarpone vermengen. Großzügig auf die Muffins verteilen und mit Espressopulver bestäuben.

Partymuffins

Krokant-Muffins
mit Sahne

Für 12 Stück
200 g Mehl
40 g Nusskrokant (FP)
1 1/2 Tl Backpulver
1/2 Tl Natron
1 Prise Salz
180 g Rumrosinen
1 Ei
160 ml Orangensaft
3 El Öl
Sahnetupfer und Krokant
zum Garnieren
Papierförmchen für das
Blech

Zubereitungszeit: ca. 15 Minuten
(plus Back- und Ruhezeit)
Pro Stück ca. 94 kcal/394 kJ
2 g E, 2 g F, 17 g KH

1 Den Backofen auf 180 °C vorheizen. Die Papierförmchen in das Muffinblech einsetzen.

2 Mehl mit Nusskrokant, Backpulver, Natron, Salz und Rumrosinen mischen.

3 Das Ei verquirlen und mit Orangensaft und Öl verrühren. Die Mehlmischung unterheben und rühren, bis die trockenen Zutaten feucht sind.

4 Den Teig in die Papierförmchen geben und alles auf der mittleren Einschubleiste ca. 25 Minuten backen. Die Muffins in der Form ca. 5 Minuten ruhen lassen.

5 Muffins herausheben, abkühlen lassen und mit Sahne und Krokant verziert servieren.

Schoko-Cola-Muffins
mit Haselnüssen

Für 12 Stück
280 g Mehl
3 Tl Backpulver
1/2 Tl Zimt
80 g gehackte Nüsse
1 Ei
150 g brauner Zucker
125 g weiche Butter
150 ml Coca-Cola
100 ml Buttermilch
50 g gehackte Schokolade
ca. 100 g Puderzucker
12 geröstete Haselnusskerne
Schokostreusel zum Garnieren
Papierförmchen für das Blech

Zubereitungszeit: ca. 25 Minuten
(plus Back- und Ruhezeit)
Pro Stück ca. 485 kcal/2031 kJ
9 g E, 31 g F, 43 g KH

1 Den Backofen auf 180 °C vorheizen. Die Papierförmchen in das Muffinblech setzen.

2 Mehl, Backpulver, Zimt und Nüsse mischen. Das Ei verquirlen und mit Zucker und Butter schaumig rühren. 130 ml Coca-Cola und Buttermilch dazugeben und gut verrühren. Die Mehlmischung und die gehackte Schokolade unterheben und rühren, bis die trockenen Zutaten feucht sind.

3 Den Teig gleichmäßig in die Vertiefungen des Muffinblechs füllen und auf der mittleren Einschubleiste ca. 20 Minuten backen. Die Muffins noch ca. 5 Minuten in der Form ruhen lassen. Anschließend herausheben.

4 Puderzucker mit restlicher Coca-Cola glatt rühren. Die Muffins mit Zuckerguss, gerösteten Nüssen und Schokostreuseln garnieren.

Muffins mit Smarties
und Joghurt

Für 12 Stück
250 g Mehl
2 1/2 Tl Backpulver
1/2 Tl Natron
75 g Smarties
1 Ei
60 g Zucker
60 ml Öl
200 g Joghurt
Puderzucker zum Garnieren
Butter für das Blech

Zubereitungszeit: ca. 20 Minuten
(plus Back- und Ruhezeit)
Pro Stück ca. 178 kcal/745 kJ
3 g E, 8 g F, 24 g KH

1 Den Backofen auf 180 °C vorheizen. Die Vertiefungen des Muffinblechs einfetten.

2 Mehl, Backpulver, Natron und 50 g Smarties mischen.

3 Das Ei verquirlen. Zucker, Öl und Joghurt dazugeben und gut verrühren. Die Mehlmischung unterheben und rühren, bis die trockenen Zutaten feucht sind.

4 Den Teig gleichmäßig in die Vertiefungen des Muffinblechs füllen und auf der mittleren Einschubleiste ca. 20–25 Minuten backen.

5 Die Muffins noch ca. 5 Minuten in der Form ruhen lassen. Herausheben und mit den restlichen Smarties und Puderzucker garniert servieren.

Ingwer-Quark-Muffins
mit Pflaumen

Für 12 Stück

150 g Mehl

1 1/2 Tl Backpulver

1/2 Tl Natron

50 g kandierter Ingwer

40 g Kokoszwieback

2 Eier

155 g Zucker

60 ml Öl

ca. 150 g Naturjoghurt

250 g Quark

1 El Zitronensaft

ca. 6 entsteinte Pflaumen

Sahne

Ingwersirup

Butter für das Blech

Zubereitungszeit: ca. 20 Minuten
(plus Back- und Ruhezeit)
Pro Stück ca. 225 kcal/942 kJ
6 g E, 7 g F, 33 g KH

1 Den Backofen auf 180 °C vorheizen. Die Vertiefungen des Muffinblechs ausfetten.

2 Mehl, Backpulver und Natron mischen. Ingwer hacken, Zwieback reiben. 1 Ei mit 125 g Zucker, Öl und Joghurt gut verrühren. Mehlmischung unterheben und rühren, bis alle Zutaten feucht sind.

3 Das restliche Ei trennen. Den Quark mit Eigelb, restlichem Zucker und Zitronensaft glatt rühren, 2/3 des Ingwers unterrühren. Eiweiß zu Eischnee schlagen und unterziehen.

4 Den Teig gleichmäßig in die Vertiefungen des Muffinblechs füllen, Quarkmasse darüber verteilen und Zwieback aufstreuen.

5 Entsteinte Pflaumen halbieren oder in Scheiben schneiden, auflegen und die Muffins auf der mittleren Einschubleiste ca. 20 Minuten backen. Die Muffins noch ca. 5 Minuten in der Form ruhen lassen, dann herausheben.

6 Steif geschlagene Sahne mit Ingwersirup abschmecken. Muffins mit Ingwersahne und restlichem Ingwer garnieren.

Macadamia-Muffins

mit weißer Schokolade

Für 12 Stück

100 g weiße Schokolade
75 g gesalzene geröstete
Macadamianüsse
2 Eier
100 g Butter
100 g Zucker
300 g saure Sahne
60 g Hartweizengrieß
200 g Mehl
2 Tl Backpulver
Butter für das Blech

Zubereitungszeit: ca. 25 Minuten
(plus Back- und Kühlzeit)
Pro Stück ca. 310 kcal/1300 kJ
3 g E, 6 g F, 34 g KH

1 Backofen auf 200 °C (Umluft 180 °C) vorheizen. Die Formen eines Muffinblechs gut einfetten. Weiße Schokolade und Macadamianüsse grob hacken. Eier trennen. Eigelb mit Butter, Zucker und saurer Sahne mit dem Handrührgerät cremig rühren.

2 Macadamianüsse und Schokolade mit Grieß, Mehl und Backpulver mischen. Das Eiweiß steif schlagen. Eischnee auf die Eigelbmasse geben, die Mehlmischung darüber verteilen und alles zügig mit einem Kochlöffel unterheben, bis die trockenen Zutaten feucht sind.

3 Teig in die Formen des Muffinblechs füllen und ca. 20–25 Minuten backen. Aus den Formen nehmen und auf einem Kuchengitter auskühlen lassen.

Schoko-Muffins
mit Espresso

Für 12 Stück

100 g Mokkaschokolade
150 g Butter
150 g Zucker
2 Eier
3 Eigelb
75 g Mehl
2 Tl Backpulver
75 g gehackte Mandeln
3 El kalter Espresso
1 El Kaffeelikör
50 g weiße Kuvertüre
2 El Kaffee-Gewürz-Krokant
Papierförmchen für das Blech

Zubereitungszeit: ca. 30 Minuten
(plus Back- und Kühlzeit)
Pro Stück ca. 275 kcal/1150 kJ
3 g E, 12 g F, 29 g KH

1 Mokkaschokolade fein hacken. Butter mit Zucker in einer Schüssel cremig rühren, dann Eier und Eigelb dazugeben und alles zu einer hellen Masse rühren. Mehl mit dem Backpulver mischen und darübersieben. Mandeln, Mokkaschokolade, Espresso und Kaffeelikör zugeben und alles gut miteinander verrühren.

2 Backofen auf 180 °C (Umluft 160 °C) vorheizen. Die 12 Formen eines Muffinblechs mit Papierförmchen auslegen. Teig einfüllen und auf der mittleren Einschubleiste ca. 25 Minuten backen (bei der Garprobe soll kein Teig am Stäbchen hängen bleiben).

3 In der Form etwas abkühlen lassen, Muffins herausnehmen und auskühlen lassen. Weiße Kuvertüre im warmen Wasserbad schmelzen und in einen Spritzbeutel mit sehr kleiner Tülle füllen. Die Muffins mit dünnen weißen Streifen überziehen und mit Kaffee-Gewürz-Krokant bestreuen.

Kokos-Muffins
mit Ananas

Für 12 Stück

190 g Weizenmehl
1 Tl Backpulver
1/2 Tl Natron
50 g Kokosmakronen
300 g Ananas aus der Dose
1 Ei
120 g brauner Zucker
80 ml Sonnenblumenöl
250 g Naturjoghurt
1 Tl Rum-Backaroma
50 g Puderzucker
einige Kokosmakronen und
Kakaopulver zum Garnieren
Papierförmchen für das
Blech

Zubereitungszeit: ca. 20 Minuten
(plus Back- und Ruhezeit)
Pro Stück ca. 210 kcal/879 kJ
3 g E, 10 g F, 27 g KH

1 Den Backofen auf 180 °C vorheizen. Die Papierförmchen in das Muffinblech setzen. Mehl, Backpulver und Natron gut mischen. Kokosmakronen in kleine Stücke schneiden.

2 Die Ananas in ein Sieb gießen, abtropfen lassen und in kleine Würfel schneiden. Das Ei aufschlagen und verquirlen. Zucker, Öl, Joghurt, Backaroma, Kokosmakronen und Ananaswürfel hinzufügen. Die Mehlmischung zugeben und so lange rühren, bis die trockenen Zutaten feucht sind.

3 Den Teig gleichmäßig in die Papierförmchen verteilen und auf der mittleren Einschubleiste 20–25 Minuten backen. Herausnehmen und im Blech 5 Minuten ruhen lassen.

4 Den Puderzucker mit etwas Wasser glatt rühren und auf die Muffins geben. Die Kokosmakronen in Stücke schneiden. Muffins mit den Makronenstücken garnieren und mit Kakao bestreut servieren.

Schoko-Muffins
mit weißer Schokolade

Für 12 Stück

1 Vanilleschote
85 g weiße Schokolade
225 g Butter
160 g Mehl
1 Tl Backpulver
160 g Zucker
1 Prise Salz
5 Eier
175 g Puderzucker
1 El Kakaopulver
1 El Vanillezucker
100 g weiße Kuvertüre
Liebesperlen
Butter für das Blech

Zubereitungszeit: ca. 20 Minuten
(plus Back- und Kühlzeit)
Pro Stück ca. 317 kcal/1326 kJ
7 g E, 20 g F, 35 g KH

1 Den Backofen auf 180 °C vorheizen. Das Muffinblech einfetten. Das Mark aus der Vanilleschote kratzen.

2 Die Schokolade in Stücke brechen und mit 150 g Butter im Wasserbad schmelzen und verrühren. Das Mehl mit Backpulver mischen.

3 Den Zucker mit Salz, Eiern und Vanillemark cremig schlagen. Mehlmischung unterheben und rühren, bis alle Zutaten feucht sind. Schokoladenbutter unterrühren.

4 Den Teig gleichmäßig in die Vertiefungen des Muffinblechs füllen und auf der mittleren Einschubleiste ca. 20 Minuten backen. Die Muffins noch ca. 5 Minuten in der Form ruhen lassen, dann herausheben.

5 Aus der restlichen Butter, dem Puderzucker, dem Kakao und dem Vanillezucker eine Buttercreme herstellen. Die Kuvertüre schmelzen und in einen Spritzbeutel füllen. Die abgekühlten Muffins mit Buttercreme, Kuvertüre und Liebesperlen verzieren.

Schoko-Muffins
mit Minze

Für 12 Stück

100 g Frischkäse
170 g Puderzucker
8 Tr. Pfefferminzöl
100 g Borkenschokolade
260 g Mehl
2 Tl Backpulver
1/2 Tl Natron
1 Ei
100 g Zucker
80 ml Sonnenblumenöl
280 ml Buttermilch
5 El Schokoraspel
Borkenschokolade zum Garnieren
Papierförmchen für das Blech

Zubereitungszeit: ca. 20 Minuten (plus Back- und Kühlzeit)
Pro Stück ca. 158 kcal/662 kJ
2 g E, 4 g F, 27 g KH

1 Den Backofen auf 180 °C vorheizen. Die Papierförmchen in das Muffinblech setzen. Den Frischkäse mit 2 El Puderzucker, 3 Tropfen Pfefferminzöl und 2 El Borkenschokolade zu einer glatten Creme verrühren.

2 Das Mehl, restliche Borkenschokolade, Backpulver und Natron mischen. Das Ei verquirlen, Zucker, Öl, Buttermilch und 2 Tropfen Pfefferminzöl dazugeben und alles verrühren. Die Mehlmischung zugeben und unterrühren.

3 Die Hälfte des Teiges auf die Förmchen verteilen. Die Frischkäsemasse mit einem Teelöffel auf den Teig geben. Mit restlichem Teig bedecken und auf der mittleren Einschubleiste 20–25 Minuten backen. Die Muffins noch 5 Minuten im Blech ruhen lassen.

4 Den restlichen Puderzucker mit 3 El Wasser, 3 Tropfen Pfefferminzöl und Schokoraspeln zu einer sämigen Masse verrühren. Die Masse auf die ausgekühlten Muffins streichen und mit Borkenschokolade garniert servieren.

Kaffee-Muffins
mit Mokkaschokolade

Für 12 Stück
280 g Mehl
2 Tl Backpulver
1 Tl Zimt
160 g Zucker
1/2 Tl Salz
120 g Butter
50 ml Espresso ristretto
200 ml Milch
1 Päckchen Bourbon-
Vanillezucker
2 Eier
100 g Mokkaschokolade
Papierförmchen für das
Blech

Zubereitungszeit: ca. 35 Minuten
(plus Back- und Kühlzeit)
Pro Stück ca. 270 kcal/1130 kJ
14 g E, 3 g F, 108 g KH

1 Backofen auf 200 °C (Umluft 180 °C) vorheizen. 12 Papierförmchen in die Vertiefungen eines Muffin-blechs setzen.

2 Mehl, Backpulver und Zimt in eine Schüssel sie-ben, mit Zucker und Salz vermischen. Die Butter in einem Topf zerlassen, vom Herd nehmen, Espres-so mit einem Schneebesen darunterschlagen, etwas abkühlen lassen. Dann Milch und Vanillezucker und zuletzt die Eier dazugeben, alles gut verrühren.

3 Mokkaschokolade fein hacken. Die Mehlmi-schung nach und nach zur Buttermischung ge-ben und verrühren, bis das Mehl vollständig unter-gearbeitet ist. 50 g Mokkaschokolade unter den Teig mischen. Den Teig auf die Muffinförmchen verteilen und die restliche Schokolade darüberstreuen. Auf der mittleren Einschubleiste ca. 20 Minuten backen. Aus den Formen nehmen und auf einem Kuchengit-ter abkühlen lassen.

Limo-Muffins
mit Nüssen

Für 12 Stück
280 g Mehl
3 Tl Backpulver
1/2 Tl Zimt
80 g gehackte Nüsse
1 Ei
150 g brauner Zucker
125 g weiche Butter
150 ml Limonade
100 ml Buttermilch
ca. 100 g Puderzucker
12 geröstete Haselnusskerne
Papierförmchen für das
Blech

Zubereitungszeit: ca. 25 Minuten
(plus Back- und Ruhezeit)
Pro Stück ca. 485 kcal/2031 kJ
9 g E, 31 g F, 43 g KH

1 Den Backofen auf 180 °C vorheizen. Die Papierförmchen in das Muffinblech setzen.

2 Mehl, Backpulver, Zimt und Nüsse miteinander mischen.

3 Das Ei verquirlen und mit Zucker und Butter schaumig rühren. 130 ml Limonade und Buttermilch dazugeben und gut verrühren.

4 Die Mehlmischung unterheben und rühren, bis die trockenen Zutaten feucht sind.

5 Den Teig gleichmäßig in die Vertiefungen des Muffinblechs füllen und auf der mittleren Einschubleiste ca. 20 Minuten backen. Die Muffins noch ca. 5 Minuten in der Form ruhen lassen. Anschließend herausheben.

6 Puderzucker mit restlicher Limonade glatt rühren. Die Muffins mit Zuckerguss und gerösteten Nüssen garnieren.

Haferflocken-Muffins
mit Nüssen

Für 12 Stück

50 g kandierter Ingwer
100 g Haferflocken
200 g Naturjoghurt
180 g Mehl
1 Tl Zimt
100 g gehackte Nüsse
2 1/2 Tl Backpulver
1/2 Tl Natron
1 Ei
120 g Honig
80 ml Öl
200 ml Sahne
2 P. Vanillezucker
1 El Kakaopulver
Fett für das Blech

Zubereitungszeit: ca. 20 Minuten
(plus Back- und Kühlzeit)
Pro Stück ca. 288 kcal/1206 kJ
6 g E, 15 g F, 32 g KH

1 Den Backofen auf 180 °C vorheizen. Das Muffin-blech einfetten.

2 Kandierten Ingwer vierteln. Haferflocken und Joghurt mischen. Mehl, Zimt, Nüsse, Backpul-ver, Natron und 2/3 des Ingwers mischen. Das Ei ver-quirlen, Haferflockenmischung, Honig, Öl und Mehl-mischung unterheben.

3 Den Teig in die Form füllen und auf der mittleren Einschubleiste ca. 25 Minuten backen.

4 Sahne mit Vanillezucker und Kakaopulver steif schlagen. Die Muffins 5 Minuten ruhen lassen. Abgekühlt mit der Schokosahne und dem restlichen Ingwer garniert servieren.

Salzgebäck-Muffins

mit Buttermilch

Für 12 Stück

150 g Mini-Salzbrezeln

250 g Mehl

2 1/2 Tl Backpulver

1/2 Tl Natron

1 Ei

125 g Zucker

80 ml Pflanzenöl

1 P. Vanillezucker

300 ml Buttermilch

ca. 30 Salzstangen und weiße Kuvertüre (FP) zum Garnieren

Papierförmchen für das Blech

Zubereitungszeit: ca. 15 Minuten (plus Back- und Ruhezeit)
Pro Stück ca. 175 kcal/733 kJ
5 g E, 1 g F, 38 g KH

1 Den Backofen auf 180 °C vorheizen und die Papierförmchen in das Muffinblech setzen.

2 Die Mini-Salzbrezeln halbieren. Mit dem Mehl, dem Backpulver und dem Natron mischen. Das Ei verquirlen, den Zucker, das Öl, den Vanillezucker und die Buttermilch dazugeben und vorsichtig unterrühren. Die Mehlmischung zufügen und so lange rühren, bis die trockenen Zutaten feucht sind.

3 Den Teig gleichmäßig auf die Papierförmchen verteilen. Auf der mittleren Einschubleiste ca. 20–25 Minuten backen, herausnehmen und weitere 5 Minuten in der Form ruhen lassen. Mit Salzgebäck und Kuvertüre garniert servieren.

Bitter-Lemon-Muffins

mit Schokosplittern

Für 12 Stück

150 g Schokoladen-Butter-
kekse

100 g Marzipanrohmasse

150 g Mehl

1 El abgeriebene Schale von
1 unbehandelten Orange

2 1/2 Tl Backpulver

1/2 Tl Natron

1 Ei

125 g Zucker

100 ml Öl

200 g Naturjoghurt

125 ml Bitter Lemon

Orangenkuvertüre, Schoko-
ladensplitter und Orangenzesten zum Garnieren

Fett für das Blech

Zubereitungszeit: ca. 25 Minuten
(plus Back- und Ruhezeit)
Pro Stück ca. 283 kcal/1183 kJ
5 g E, 15 g F, 32 g KH

1 Den Backofen auf 180 °C vorheizen. Das Muffin-blech einfetten und in den Kühlschrank stellen.

2 Die Kekse in einen Gefrierbeutel geben und mit einer Kuchenrolle zerbröseln. Das Marzipan in Würfel schneiden. Mehl, Keksbrösel, Orangenschale, Backpulver, Marzipanwürfel und Natron mischen.

3 Das Ei verrühren. Zucker, Öl, Joghurt und Bitter Lemon unterrühren. Die Mehlmischung zufügen und so lange rühren, bis die trockenen Zutaten feucht sind.

4 Den Teig gleichmäßig auf die Vertiefungen des Muffinblechs verteilen. Auf der mittleren Ein-schubleiste ca. 20–25 Minuten backen. Die Muffins herausnehmen und noch 5 Minuten in der Form ru-hen lassen.

5 Die Orangenkuvertüre erwärmen und auf die Muffins geben. Mit Schokoladensplittern und Orangenzesten garniert servieren.

Schokokuss-Muffins
mit Buttermilch

Für 12 Stück

20 Mini-Schokoküsse
250 g Mehl
2 1/2 Tl Backpulver
1/2 Tl Natron
1 Ei
60 g Zucker
1 P. Vanillezucker
80 ml Sonnenblumenöl
250 ml Buttermilch
Schokocreme zum Garnieren
Papierförmchen für das
Blech

Zubereitungszeit: ca. 20 Minuten
(plus Back- und Ruhezeit)
Pro Stück ca. 215 kcal/900 kJ
3 g E, 3 g F, 44 g KH

1 Den Backofen auf 180 °C vorheizen. Die Papierförmchen in das Muffinblech setzen.

2 6 Schokoküsse halbieren und zur Seite stellen. Die Waffeln von den anderen Schokoküssen abschneiden und klein schneiden. Die Schokoküsse mit einer Gabel zerdrücken.

3 Mehl mit Backpulver, Waffelstücken und Natron mischen.

4 Das Ei verquirlen. Zucker, Vanillezucker, Öl, zerdrückte Schokoküsse und Buttermilch dazugeben und alles verrühren. Mehlmischung unterrühren, bis die trockenen Zutaten feucht sind.

5 Den Teig in die Förmchen geben und auf der mittleren Einschubleiste 20–25 Minuten backen. Die Muffins noch 5 Minuten im Blech ruhen lassen.

6 Die Muffins mit Schokocreme und den halben Schokoküssen garniert servieren.

Schwarz-Weiß-Muffins
mit Puddingpulver

Für 12 Stück

270 g Mehl
3 Tl Backpulver
1/2 Tl Natron
2 Eier
175 g Zucker
100 ml Pflanzenöl
280 ml Buttermilch
1/2 Tl Vanillezucker
1/2 P. Schokopuddingpulver
60 ml Milch
125 ml Sahne
Schokoröllchen und Kakao-
pulver zum Garnieren
Papierförmchen für das
Blech

Zubereitungszeit: ca. 25 Minuten
(plus Back- und Ruhezeit)
Pro Stück ca. 343 kcal/1435 kJ
7 g E, 20 g F, 35 g KH

1 Den Backofen auf 180 °C vorheizen. Die Papierförmchen in das Muffinblech setzen.

2 200 g Mehl mit 2 Tl Backpulver und dem Natron mischen. 1 Ei verquirlen. Mit 140 g Zucker,
80 ml Öl und der Buttermilch verrühren. Die Mehlmischung zugeben und kurz rühren, bis die trockenen
Zutaten feucht sind.

3 Den Teig auf die Vertiefungen des Muffinblechs
verteilen.

4 Für den dunklen Teig restliches Mehl, 1/2 Tl
Backpulver, Vanillezucker und Puddingpulver
gut mischen. Restliches Ei verquirlen, restlichen Zucker, restliches Öl und Milch zugeben und verrühren.
Die Mehlmischung zugeben und unterrühren.

5 Den dunklen Teig in die Mitte des hellen Teigs
geben. Auf der mittleren Einschubleiste 25 Minuten backen, herausnehmen und noch 5 Minuten in
der Form ruhen lassen.

6 Mit Sahnetupfern, Schokoröllchen und Kakaopulver garniert servieren.

Honig-Muffins

mit saurer Sahne

Für 12 Stück

250 g Mehl
2 1/2 Tl Backpulver
1/2 Tl Natron
1 Ei
100 g Zucker
125 g weiche Butter
100 g saure Sahne
50 ml Honig
100 ml Milch
2 El Puderzucker und Honig-
waben zum Garnieren
Papierförmchen für das
Blech

Zubereitungszeit: ca. 20 Minuten
(plus Back- und Kühlzeit)
Pro Stück ca. 252 kcal/1054 kJ
4 g E, 12 g F, 32 g KH

1 Den Backofen auf 180 °C vorheizen. Die Papier-förmchen in das Muffinblech setzen.

2 Das Mehl mit Backpulver und Natron gut mi-schen.

3 Das Ei verquirlen. Zucker, Butter, saure Sahne, Honig und Milch vorsichtig unter das Ei rühren. Die Mehlmischung nach und nach zufügen und nur so lange rühren, bis die trockenen Zutaten feucht sind.

4 Den Teig in die Papierförmchen geben. Auf der mittleren Einschubleiste 25 Minuten backen, herausnehmen und noch 5 Minuten in der Form ru-hen lassen.

5 Die abgekühlten Muffins mit Puderzucker be-stäuben und mit Honigwabenstückchen garniert servieren.

Muffins Sacher-Art
mit dunklem Schokoguss

Für 12 Stück
4 Eier
100 g Butter
140 g Zucker
100 g dunkle Schokolade
(80–85 % Kakaoanteil)
100 g weiße Schokolade
1 Prise Salz
80 g Mehl
1 El Aprikosenkonfitüre
Kakaoglasur
Butter für das Blech

Zubereitungszeit: ca. 25 Minuten
(plus Back- und Kühlzeit)
Pro Stück ca. 340 kcal/1425 kJ
5 g E, 17 g F, 47 g KH

1 Backofen auf 200 °C (Umluft 180 °C) vorheizen. Die Formen eines Muffinblechs gut einfetten. Eier trennen. Butter mit 100 g Zucker und dem Eigelb cremig rühren. Die dunkle Schokolade im warmen Wasserbad schmelzen lassen und löffelweise unter die Buttermischung rühren. Die weiße Schokolade in kleine Würfel hacken und unter die Masse heben.

2 Eiweiß mit 1 Prise Salz und dem übrigen Zucker sehr steif schlagen und mit dem durchgesiebten Mehl unterheben. Teig in die Formen des Muffinblechs geben und ca. 20 Minuten backen. Aus der Form nehmen und auf einem Kuchengitter auskühlen lassen.

3 Etwas Aprikosenkonfitüre glatt rühren und die Muffins damit bestreichen. Kakaoglasur nach Packungsanweisung vorbereiten und die Muffins damit überziehen.

228

Marzipan-Muffins
mit Rosenwasser

Für 12 Stück

150 g Marzipanrohmasse
40 g gemahlene Mandeln
230 g Mehl
1 Tl Zimt
2 El Kakaopulver
2 Tl Backpulver
1/2 Tl Natron
2 Eier
90 g Zucker
80 ml Sonnenblumenöl
2 Tr. Bittermandelöl
280 g saure Sahne
150 g Puderzucker
1 El Rosenwasser
rote Lebensmittelfarbe,
gehackte Pistazien und
Puderzucker-Konfetti zum
Garnieren
Fett für das Blech

Zubereitungszeit: ca. 25 Minuten
(plus Back- und Ruhezeit)
Pro Stück ca. 309 kcal/1294 kJ
6 g E, 17 g F, 39 g KH

1. Den Backofen auf 180 °C vorheizen. Muffinblech einfetten.

2. Das Marzipan mit den Mandeln verkneten und zu 12 gleich großen Kugeln rollen. Das Mehl mit Zimt, Kakao, Backpulver und Natron mischen. Die Eier verquirlen, Zucker, Öl, Bittermandelöl und saure Sahne dazugeben und vorsichtig unterrühren. Die Mehlmischung zufügen und so lange rühren, bis die trockenen Zutaten feucht sind.

3. Die Hälfte des Teiges auf die Vertiefungen des Muffinblechs verteilen, die Marzipankugeln hineinsetzen und mit dem restlichen Teig bedecken.

4. Auf der mittleren Einschubleiste 20 Minuten backen, herausnehmen und weitere 5 Minuten in der Form ruhen lassen.

5. Puderzucker mit 2 El Wasser und Rosenwasser glatt rühren und mit Lebensmittelfarbe einfärben. Den Guss auf die Muffins streichen und mit Pistazien und Puderzucker-Konfetti garnieren.

Sahne-Kirsch-Muffins
mit Zimt

Für 12 Stück

250 g TK-Kirschen
300 g Mehl
2 Tl Backpulver
1/2 Tl Natron
1/2 Tl Zimt
Schale von 1 unbehandelten Zitrone
1 Ei
140 g brauner Zucker
80 ml Öl
200 g Naturjoghurt
50 g Schokoladenraspel
3 El Kirschsaft
100 ml Sahne
12 Cocktailkirschen und Kakaopulver zum Garnieren
Papierförmchen für das Blech

Zubereitungszeit: ca. 20 Minuten
(plus Back- und Ruhezeit)
Pro Stück ca. 256 kcal/1072 kJ
4 g E, 11 g F, 35 g KH

1 Die Kirschen antauen lassen. Den Backofen auf 180 °C vorheizen. Die Papierförmchen in das Muffinblech setzen.

2 Mehl, Backpulver, Natron, Zimt und Zitronenschale mischen.

3 Ei mit Zucker, Öl und Joghurt gut verrühren. Mehlmischung, Kirschen und Schokoladenraspel zufügen und unterrühren.

4 Den Teig in die Papierförmchen füllen und alles auf der mittleren Einschubleiste ca. 25 Minuten backen. Muffins noch ca. 5 Minuten in der Form ruhen lassen, noch heiß mit dem Kirschsaft beträufeln, anschließend herausheben.

5 Die Sahne steif schlagen und in einen kleinen Spritzbeutel geben. Die Muffins mit Schlagsahne und Cocktailkirschen garnieren und mit Kakao bestäuben.

Preiselbeer-Muffins
mit Nüssen

Für 12 Stück

250 g Mehl
50 g gemahlene Haselnüsse
2 Tl Backpulver
1/2 Tl Natron
1/2 Tl Zimt
Schale von 1 unbehandelten Zitrone
1 Ei
140 g brauner Zucker
80 ml Öl
200 g Naturjoghurt
250 g Preiselbeeren aus dem Glas
100 g dunkle Kuvertüre und Haselnüsse zum Garnieren
Papierförmchen für das Blech

Zubereitungszeit: ca. 20 Minuten (plus Back- und Ruhezeit)
Pro Stück ca. 256 kcal/1072 kJ
4 g E, 11 g F, 35 g KH

1 Den Backofen auf 180 °C vorheizen. Die Papierförmchen in das Muffinblech setzen.

2 Mehl, gemahlene Nüsse, Backpulver, Natron, Zimt und Zitronenschale mischen.

3 Ei mit Zucker, Öl und Joghurt gut verrühren. Mehlmischung und Preiselbeeren zufügen und unterrühren.

4 Den Teig in die Papierförmchen füllen und alles auf der mittleren Einschubleiste ca. 25 Minuten backen. Muffins noch ca. 5 Minuten in der Form ruhen lassen, anschließend herausheben.

5 Die Kuvertüre im Wasserbad schmelzen und in einen Spritzbeutel füllen. Die Muffins mit Haselnüssen und Kuvertüre garnieren.

Schokoladen-Muffins
mit Schoko-Füllung

Für 12 Stück

1 Vanilleschote
85 g Zartbitterschokolade
150 g Butter
160 g Mehl
1 Tl Backpulver
160 g Zucker
1 Prise Salz
5 Eier
50 g weiße Kuvertüre
50 g Zartbitterkuvertüre
Butter für das Blech

Zubereitungszeit: ca. 20 Minuten
(plus Back- und Ruhezeit)
Pro Stück ca. 303 kcal/1269 kJ
6 g E, 18 g F, 31 g KH

1 Den Backofen auf 180 °C vorheizen. Das Muffinblech einfetten. Das Mark aus der Vanilleschote kratzen.

2 Die Schokolade in Stücke brechen und mit der Butter im Wasserbad schmelzen und verrühren. Das Mehl mit Backpulver mischen.

3 Den Zucker mit Salz, Eiern und Vanillemark cremig schlagen. Mehlmischung unterheben und rühren, bis alle Zutaten feucht sind. Schokoladenbutter unterrühren.

4 Den Teig gleichmäßig in die Vertiefungen des Muffinblechs füllen und auf der mittleren Einschubleiste ca. 20 Minuten backen. Die Muffins noch ca. 5 Minuten in der Form ruhen lassen, dann herausheben und mit Kuvertüre garniert servieren.

Rezeptverzeichnis